WIE ZEICHNE ICH
MENSCHEN

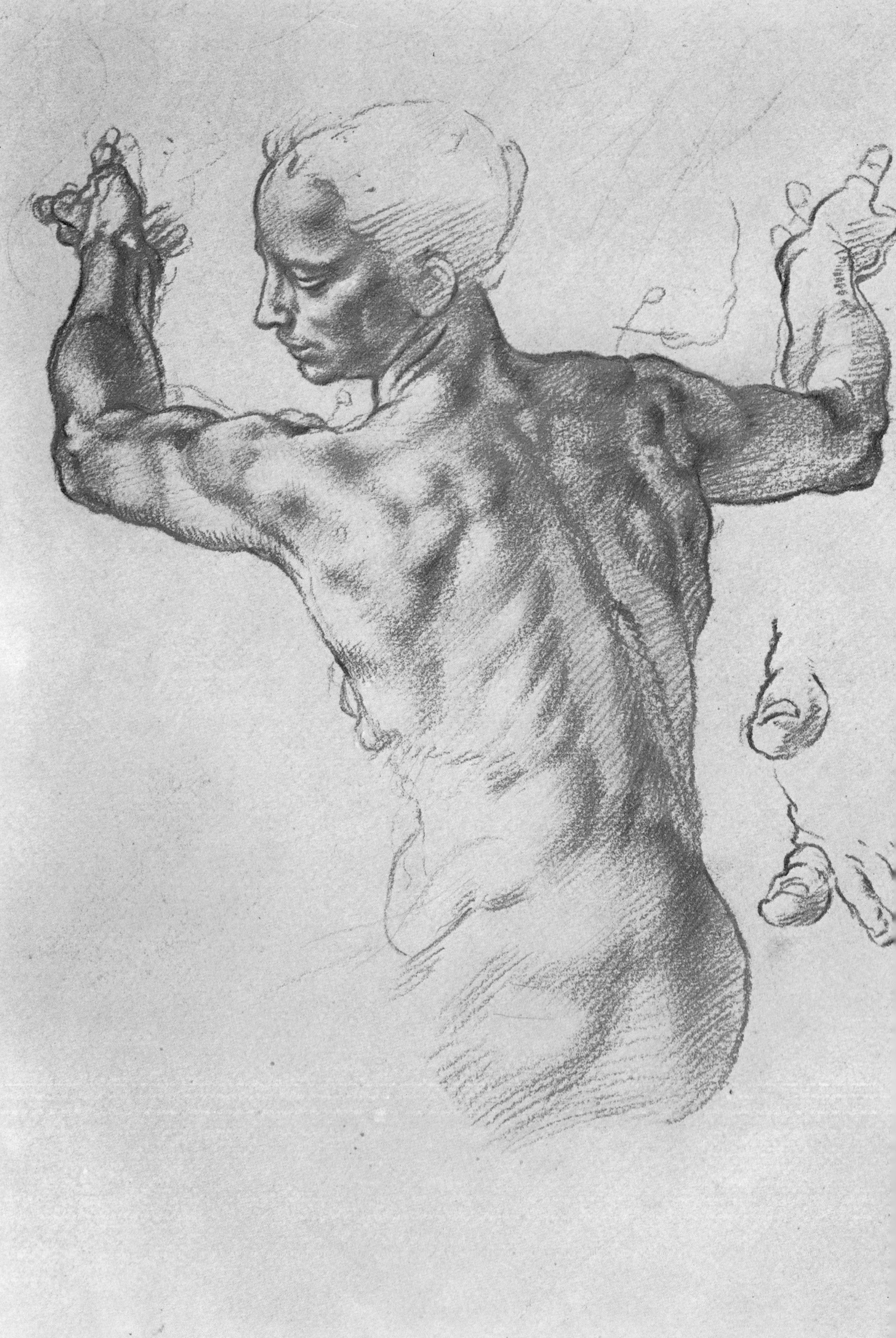

WIE ZEICHNE ICH
MENSCHEN

JOSÉ M. PARRAMÓN

**Geschichte, Theorie und Praxis
der Maße und Proportionen,
der Anatomie und der Perspektive
des Figurenzeichnens**

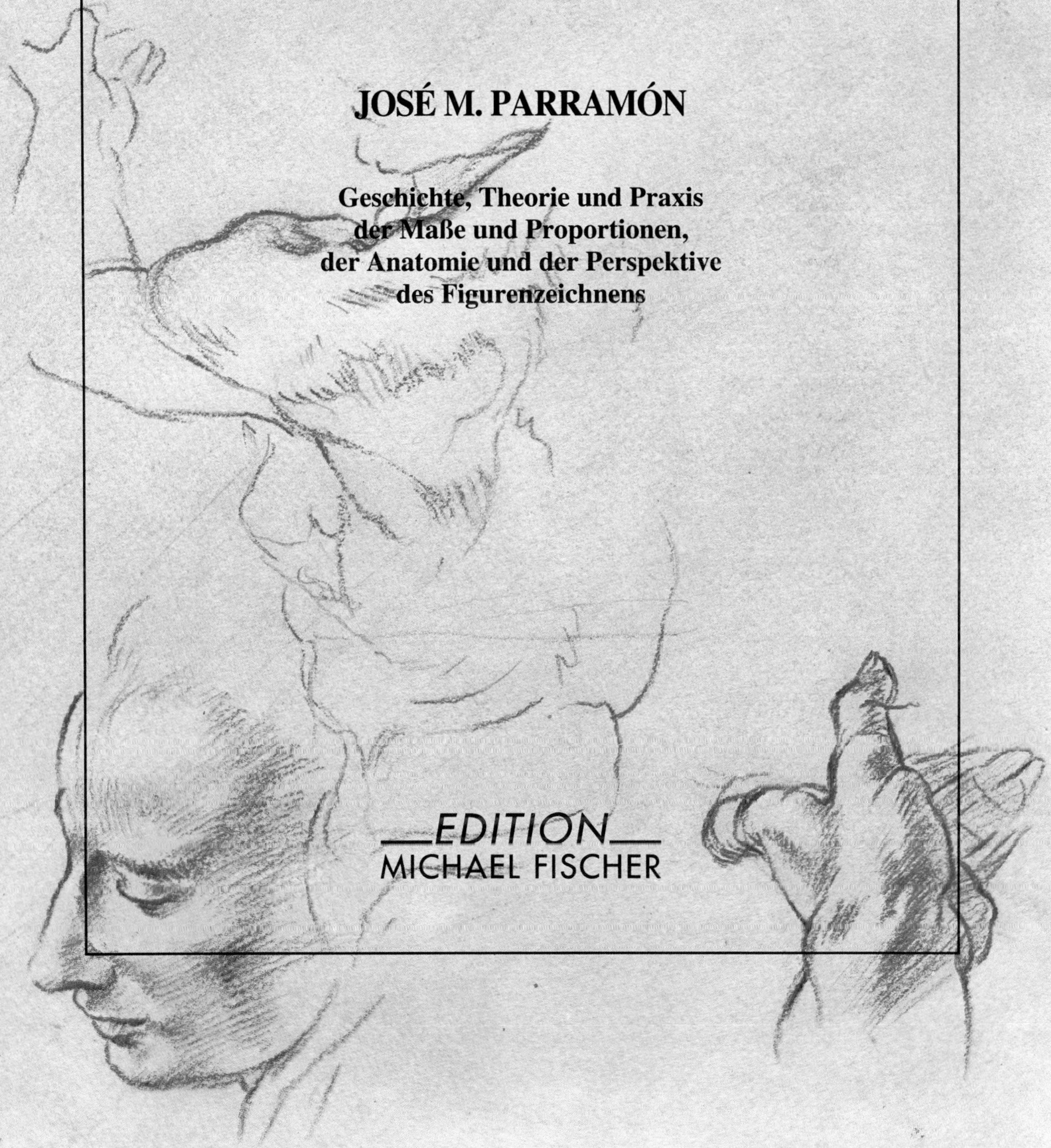

EDITION
MICHAEL FISCHER

Titel der Originalausgabe: „Cómo dibujar la figura humana“
Aus dem Spanischen übertragen von Christa L. Cordes

5. Auflage 1995
Vollständig überarbeitete und erweiterte Fassung

Herstellung und Satz:
Verlagsservice Henninger GmbH, Würzburg

Printed in Spain

ISBN 3-924433-15-1

Inhaltsverzeichnis

2

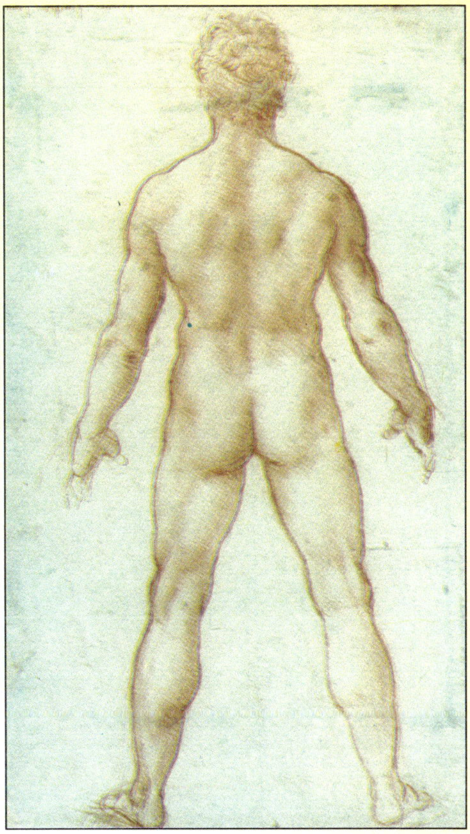

Abb. 1 (Seite 2): Rötelstudie von Michelangelo über „Die Schaffung Adams“ für das Wandgemälde in der Sixtinischen Kapelle, Vatikanstadt, Rom.

Abb. 2: Leonardo da Vinci: „Gestalt von hinten gesehen“, Königliche Bibliothek, Schloß Windsor.

Leonardo da Vinci, Dürer, Raffael, Boticelli und viele andere Künstler der Renaissance untersuchten und zeichneten die idealen Maße des menschlichen Körpers. Doch schon viel früher analysierten die Künstler der griechischen Antike Myron, Parrasio, Zeuxis und anschließend Polyklet dieses Problem und stellten konkrete Regeln dafür auf. Polyklet schrieb außerdem eine Abhandlung über die künstlerische Harmonie mit dem Titel „Der Kanon", ein Ausdruck, unter dem man seitdem jene Normen versteht, die die idealen Maße des menschlichen Körpers bestimmen. Von diesem Kanon, von der Methode, mit Hilfe von Modulen oder Maßeinheiten die Maße und Proportionen des Körpers der Frau, des Mannes und des Kindes zu berechnen, ist auf den folgenden Seiten die Rede.

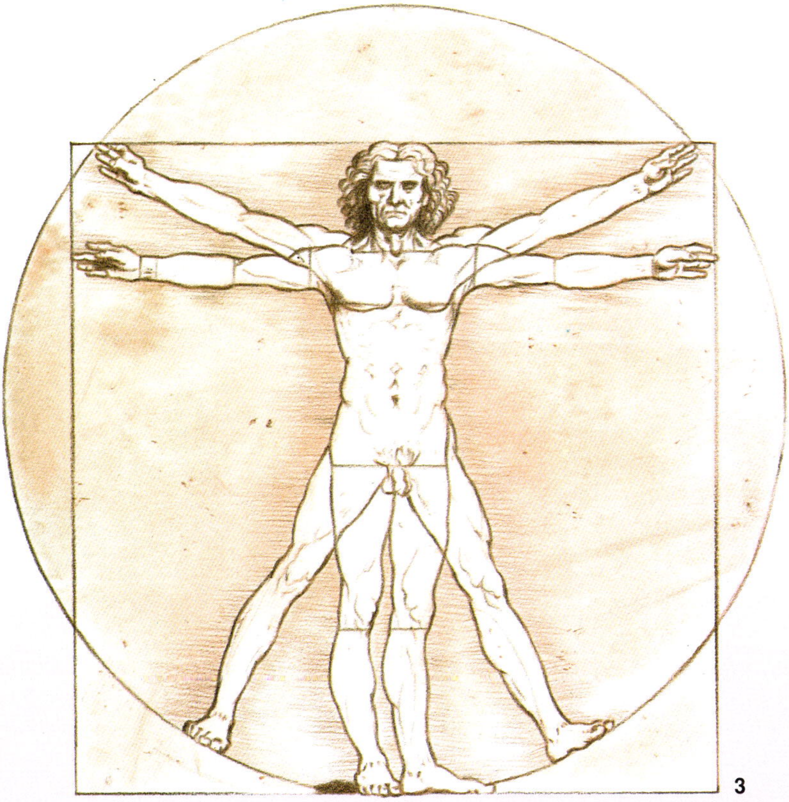

3

Der Kanon des menschlichen Körpers

Untersuchung der Proportionen

Abb. 4 und 5: Der „Doryphoros“ des griechischen Bildhauers Polyklet, der in seiner Schrift „Der Kanon“ siebeneinhalb Köpfe als ideale Größe des menschlichen Körpers festlegte. Polyklets Zeitgenossen (5. Jh. v. Chr.), u.a. die Bildhauer Phidias, Parrasios, Zeuxis etc., wandten diesen Kanon für alle ihre Statuen an.

Polyklet, Praxiteles und Leochares waren berühmte Bildhauer der griechischen Antike. Sie befaßten sich mit einem Problem, dessen Lösung erst zu Beginn unseres Jahrhunderts endgültig erfolgte: dem der Festlegung der idealen Proportionen des menschlichen Körpers.
Hier zusammengefaßt die Geschichte: Im fünften Jahrhundert vor Christus schrieb Polyklet eine künstlerische Abhandlung unter dem Titel „Der Kanon“. Darin legte er folgende Regel fest:

Damit alle Körperteile im Vergleich zueinander die korrekten Proportionen aufweisen, muß eine Gestalt das Siebeneinhalbfache ihres Kopfes groß sein.

Um mit gutem Beispiel voranzugehen, wandte Polyklet diesen Kanon bei allen seinen Skulpturen an (Abb. 4).
Wie Ihnen bekannt, versteht man unter einem Kanon die Regeln oder das Schema, nach dem die Proportionen des menschlichen Körpers bestimmt und

4

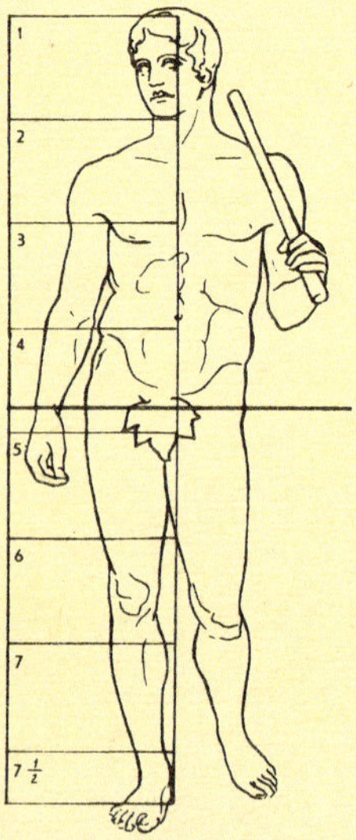

6

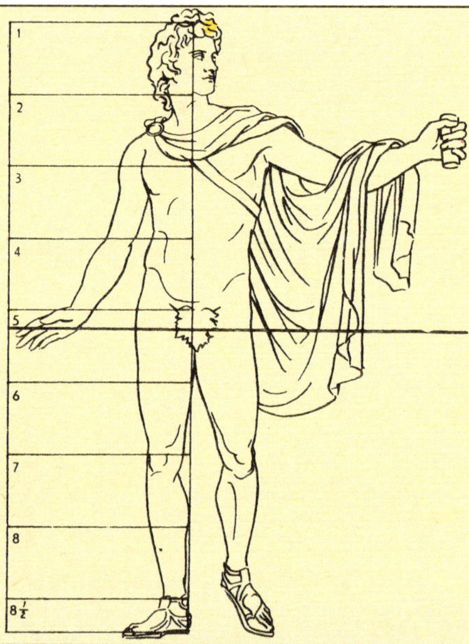

8

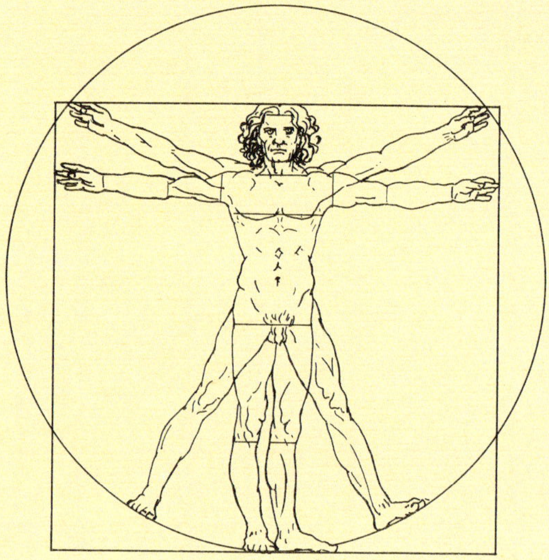

5

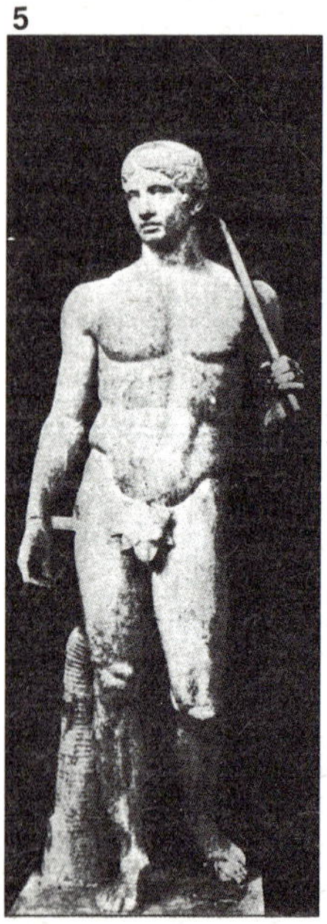

7

Abb. 6 und 7: Im 4. Jh. v. Chr. schuf ein weiterer berühmter Bildhauer, Leochares, den „Apollon von Belvedere“ mit einem achteinhalbköpfigen Kanon.

Abb. 8: Wie alle großen Meister der Renaissance untersuchte auch Leonardo da Vinci das Problem der idealen Proportionen des menschlichen Körpers (Kopie einer Zeichnung von Leonardo).

zueinander in Beziehung gesetzt werden. Das geschieht anhand sogenannter Maßeinheiten, den Modulen. Das seit der Renaissance bis heute benutzte Modul entspricht der Höhe des Kopfes.
Der Kanon des Polyklet wurde diskussionslos von allen Künstlern seiner Zeit übernommen, auch von Phidias und Myron. Er stellte einen Markstein in der griechischen Kunstgeschichte dar und bestimmte den Stil und die Proportionen der sogenannten Klassik. Man kann sagen, daß alle Künstler – Zeichner, Maler und Bildhauer – seitdem den Kanon der siebeneinhalb Köpfe verwendeten, um eine Gestalt mit idealen Proportionen darzustellen. Und trotzdem . . .
Keine hundert Jahre vergingen, und ein neues Genie – Praxiteles – stellte einen Kanon von acht Köpfen auf. Beinahe gleichzeitig schuf ein weiterer bekannter Bildhauer, Leochares, den berühmten „Apollon von Belvedere", eine der schönsten Statuen der Welt, und hielt sich dabei an den Kanon der achteinhalb Köpfe (Abb. 6).
Welcher der drei Künstler hatte recht? Welchen Kanon sollte der Künstler in Zukunft anwenden?
Es versteht sich von selbst, daß sich auch die Maler und Bildhauer der Renaissance – 2000 Jahre nach Polyklet – diese Fragen stellten. Ebenfalls verständlich ist, daß sie nicht alle zu derselben befriedigenden Antwort gelangten.
„Siebeneinhalb Köpfe!" sagte Michelangelo, als er seinen berühmten „David" schuf. „Acht!" versicherte Leonardo da Vinci und wollte es anhand eines eigenen Kanons beweisen.
„Nein!" entschied Boticelli und deutete auf seinen „Heiligen Sebastian".
Im Jahre 1870 verglich der belgische Anthropologe Quételet die Maße und Proportionen zahlreicher Erwachsener und erhielt ein für ihn zufriedenstellendes Durchschnittsmaß. Daraus leitete er den siebeneinhalbköpfigen Kanon ab und mit ihm eine „Idealgestalt", die dem „Doryphoros" sehr ähnlich ist.
Ein weiterer Wissenschaftler mit Namen Stratz behauptete schließlich zu Beginn unseres Jahrhunderts, daß man zur Bestimmung der Idealgestalt von einer Gruppe zuvor ausgewählter Menschen ausgehen müsse. Gemäß seiner Theorie wählte Stratz also eine Reihe von großen, athletischen, gut gewachsenen Menschen, berechnete deren Durchschnittsmaße und erhielt tatsächlich eine ideale Gestalt: einen Mann, dessen Proportionen dem achtköpfigen Kanon entsprachen.
Zum Schluß sei noch darauf hingewiesen, daß Leochares „Apollon von Belvedere" mit seinem achteinhalbköpfigen Kanon nach den Untersuchungen von Richter, Langer und des genannten Stratz eine Übertreibung dieses Idealbildes darstellt. Es ist anzunehmen, daß Leochares diesen Kanon nicht irrtümlich verwendete, sondern genau wußte, was er tat, und davon ausging, daß diese „herrliche Irrealität" besser zu der Gestalt eines Gottes wie Apollon paßte, der auch der Gott der schönen Künste der griechischen Antike war.

Abb. 9 und 10: Michelangelo, „David", Galeria dell'Academia, Florenz, und Sandro Boticelli „San Sebastian". Michelangelos „David" entspricht mit seinen siebeneinhalb Köpfen dem Kanon des Polyklet, während der „San Sebastian" von Boticelli mit seinen neun Köpfen den „Apollon" des Leochares noch übertrifft.

9

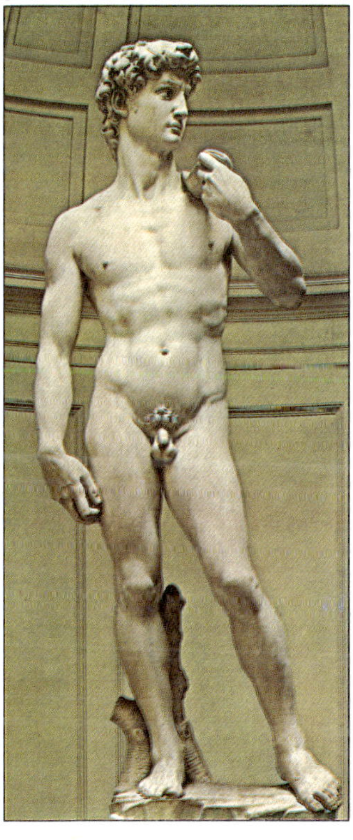

10

Die drei Kanons des menschlichen Körpers

Aufgrund der Feststellungen unserer Vorfahren können wir folgendes festhalten:

1. Es gibt drei Kanons zur Bestimmung der Proportionen des menschlichen Körpers:
   a) einen Kanon der siebeneinhalb Köpfe für die normale Gestalt (Abb. 12);
   b) einen Kanon der acht Köpfe für die ideale Gestalt (Abb. 13);
   c) einen Kanon der achteinhalb Köpfe für heroische Gestalten (Abb. 14).
2. Normalerweise verwendet der Künstler den Kanon der acht Köpfe, der den Proportionen der idealen Gestalt entspricht (Abb. 13).

Für die praktische Anwendung dieser Schlußfolgerungen bedeutet dies:
Der Kanon des siebeneinhalbfachen Kopfes kann für Zeichnung normaler Gestalten des täglichen Lebens verwendet werden: für die typische anonyme Gestalt des Nachbarn von gegenüber, des Kaufmanns an der Ecke, des Mannes auf der Straße. Er ist eher von kleinem Wuchs – zwischen 1,65 und 1,70 Meter groß –, ziemlich untersetzt und besitzt einen relativ großen Kopf (Abb. 12).
Der Kanon des achteinhalbfachen Kopfes – genauer gesagt, bis zum neunfachen – ist nur in Ausnahmefällen erforderlich, um heroische, legendäre Gestalten bis zur Übertreibung zu idealisieren. Es ist der typische Kanon für die Illustration von Abenteuererzählung – kleiner Kopf im Verhältnis zum Körper, verlängerte Beine etc.: die Gestalt des Helden, die mal den Namen Superman und mal den des Kojoten etc. annimmt (Abb. 14).
Befassen wir uns nun mit dem Studium des idealen Körpers, der acht Kopfhöhen entspricht (Abb. 13). Arbeiten Sie die folgende Seite sehr aufmerksam durch, denn diese Lektion enthält einen wichtigen Schritt zur perfekten Zeichnung des menschlichen Körpers.

Abb. 11 und 12: Vergleicht man die Maße und Proportionen des Körpers der Leute auf der Straße – also ohne Vorauswahl –, erhält man im Durchschnitt einen Kanon von siebeneinhalb Köpfen. Dies ist der Kanon der normalen Gestalt.

Abb. 13: Berechnet man den Kanon nach einer vorab ausgewählten Gruppe von Menschen, erhält man mit dem achtköpfigen Kanon die ideale Gestalt.

Abb. 14: Müssen Sie eine idealisierte, legendäre oder heroische Gestalt zeichnen oder malen, sollten Sie sie mit den Maßen und Proportionen des achteinhalbköpfigen Kanons darstellen, wie auf dieser Abbildung zu sehen.

11

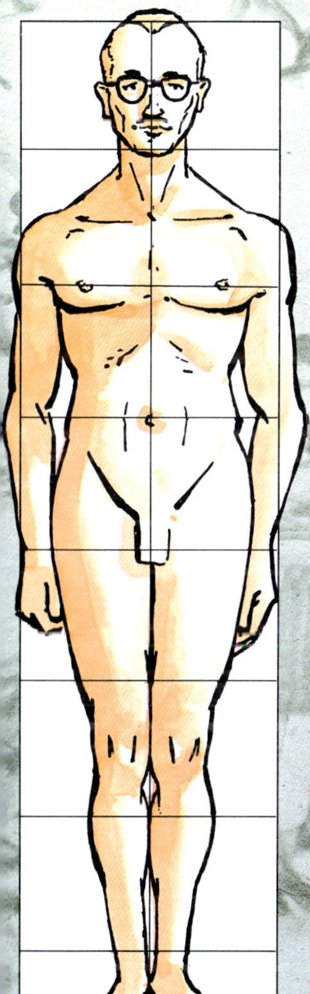
12

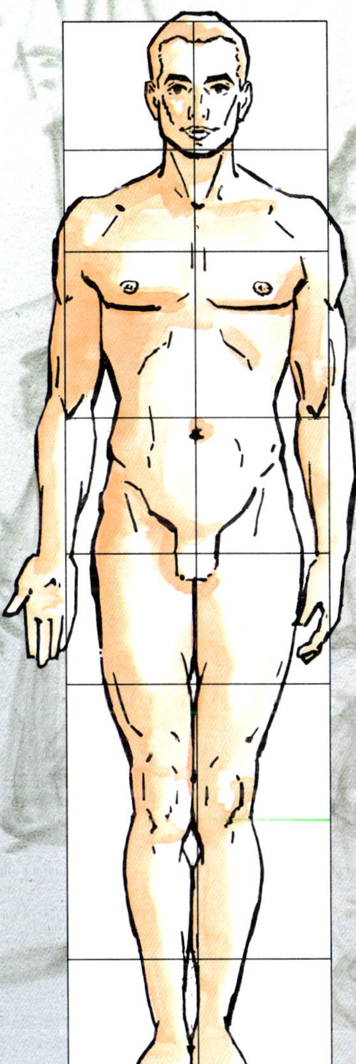
13

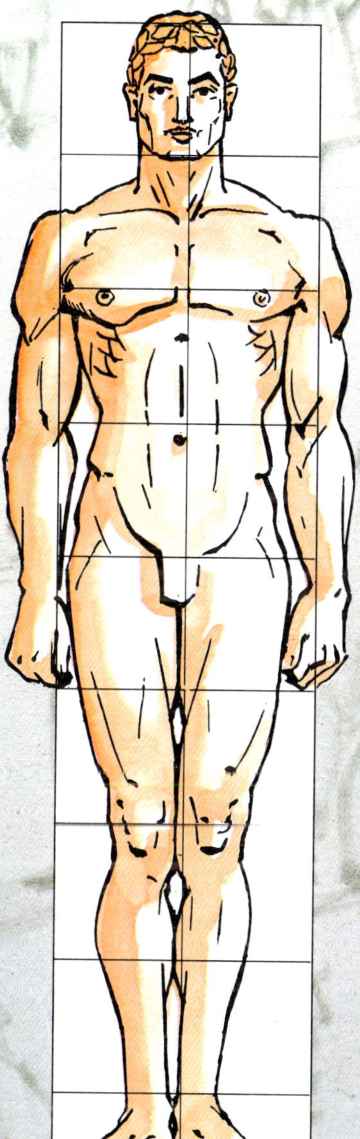
14

Die idealen Maße des menschlichen Körpers

Die Abbildungen 15, 16 und 17 auf der folgenden Seite zeigen einen männlichen Körper mit den Proportionen des Kanons der acht Kopfhöhen von vorn, von der Seite und von hinten.
Betrachten Sie zunächst die Proportionen insgesamt, und vergleichen Sie die Höhe und die Breite des von vorn gesehenen Körpers. Dabei stellen Sie fest:

Acht Köpfe in der Höhe entsprechen zwei Köpfen in der Breite.

Zeichnen Sie also ein Rechteck, dessen Höhe acht Module und dessen Breite zwei Module mißt, erhalten Sie den Rahmen für einen Körper mit den idealen Proportionen.
Untersuchen Sie nun eingehend die Lage der folgenden Körperteile, die sich automatisch durch die Teilungslinien für die Module des Kanons ergeben. Ich habe die Module durchnumeriert, damit Sie die Maße und die jeweilige Lage rascher erkennen:

a) Die Höhe der Schultern stimmt mit der Unterteilung A überein, die auf dem Drittel des Moduls Nr. 2 liegt.
b) Die Brustwarzen liegen genau auf der unteren Teilungslinie des Moduls Nr. 2.
c) Der Nabel liegt etwas oberhalb der unteren Linie von Modul Nr. 3.
d) Die beiden Ellbogen befinden sich praktisch in Höhe der Taille, etwas oberhalb des Nabels.
e) Das Schambein liegt genau in der Mitte des Körpers und fällt mit der unteren Teilungslinie des Moduls Nr. 4 zusammen.
f) In der Höhe des Schambeins befinden sich auch die Handgelenke.
g) Die geöffnete Hand mißt eine Kopfhöhe.
h) Die Gesamtlänge des Arms – von der Schulterspitze bis zu den Fingern – beträgt dreieinhalb Module.
i) Die Kniescheibe bzw. die am stärksten vorspringende Stelle des Knies (siehe Zeichnung im Profil) liegt knapp oberhalb des Moduls Nr. 7.

Beachten Sie ferner folgende Übereinstimmungen, die ebenfalls für den korrekten Aufbau des männlichen Körpers wichtig sind:

1. Der Abstand zwischen den beiden Brustwarzen entspricht einem Modul (einer Kopfhöhe).
2. Verbindet man die Punkte B und C durch zwei schräge Linien, erhält man:
   a) die Lage der Brustwarzen;
   b) den äußersten Punkt des Schlüsselbeins, also des am stärksten vorspringenden Teils der Schulter.

Betrachten Sie schließlich die Zeichnung des männlichen Körpers im Profil (Abb. 16). Sie stellen fest:

Beim stehenden Körper ragen die Waden über die verlängerte Senkrechte von den Schulterblättern zum Gesäß hinaus (D, E und F).

Was Sie bisher gelesen haben, ist sehr wichtig. Studieren Sie es sehr aufmerksam, und prägen Sie sich das alles genau ein, denn diese Kenntnisse benötigen Sie unbedingt beim Zeichnen eines menschlichen Körpers.

Abb. 15 bis 17: Acht Köpfe in der Höhe, zwei Köpfe in der Breite: Dies ist das Verhältnis der idealen Gestalt. Prägen Sie sich die Angaben und die Besonderheiten der Gestalt von vorn (15) und im Profil (16) gut ein. Sie weisen eine ganze Reihe von Entsprechungen auf – die Höhe des Gesichtes entspricht der Länge der Hand, die Brustwarzen liegen auf Modul Nr. 2, das Schambein liegt genau in der Mitte des Körpers etc. –, die die Berechnung der Maße und Proportionen, den Aufbau und das Zeichnen im allgemeinen erleichtern.

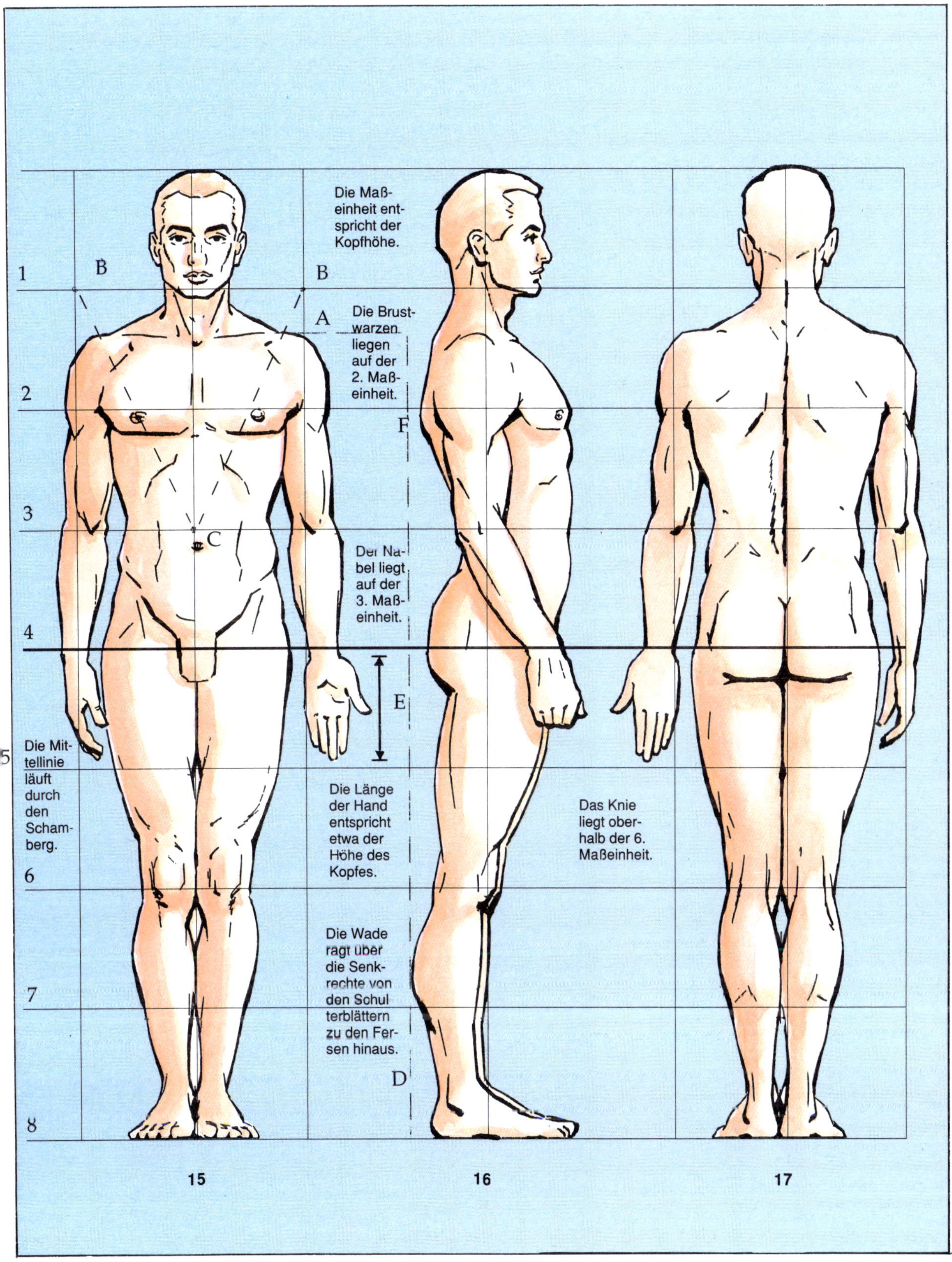
Die Maß-
einheit ent-
spricht der
Kopfhöhe.
Die Brust-
warzen
liegen
auf der
2. Maß-
einheit.
Der Na-
bel liegt
auf der
3. Maß-
einheit.
Die Mit-
tellinie
läuft
durch
den
Scham-
berg.
Die Länge
der Hand
entspricht
etwa der
Höhe des
Kopfes.
Die Wade
ragt über
die Senk-
rechte von
den Schul
terblättern
zu den Fer-
sen hinaus.
Das Knie
liegt ober-
halb der 6.
Maßeinheit.
1
2
3
4
5
6
7
8
A
B
B
C
D
E
F

15 16 17

Die idealen Proportionen des weiblichen Körpers

Der Kanon des weiblichen Körpers entspricht ebenfalls acht Köpfen, wie Sie anhand der Abbildungen feststellen können. Da der Kopf der Frau jedoch proportional nicht so groß ist wie der des Mannes, ist der weibliche Körper insgesamt etwas kleiner (etwa 10 cm).

Außerdem sei auf folgende Unterschiede gegenüber dem männlichen Körper hingewiesen (vergleichen Sie dazu die Zeichnungen des männlichen und des weiblichen Körpers):

a) Die Schultern der Frau sind proportional schmaler.
b) Die Brüste und die Brustwarzen liegen etwas tiefer.
c) Die Taille ist schmaler als beim Mann.
d) Der Nabel liegt etwas tiefer.
e) Die Hüften sind proportional breiter.
f) Im Profil gesehen, ragt das Gesäß über die Senkrechte von den Schulterblättern zu den Waden hinaus.

So sieht der ideale weibliche Körper aus – solange die Mode oder gewisse wechselnde Umstände nichts anderes verlangen. Natürlich muß man derartigen variablen Faktoren Rechnung tragen. In der Renaissance malten Dürer, Cranach und Baldung in Deutschland zum Beispiel einen stilisierten Frauentyp mit kleinem Busen, schmaler Taille und schlanken Oberschenkeln und Beinen, während

18

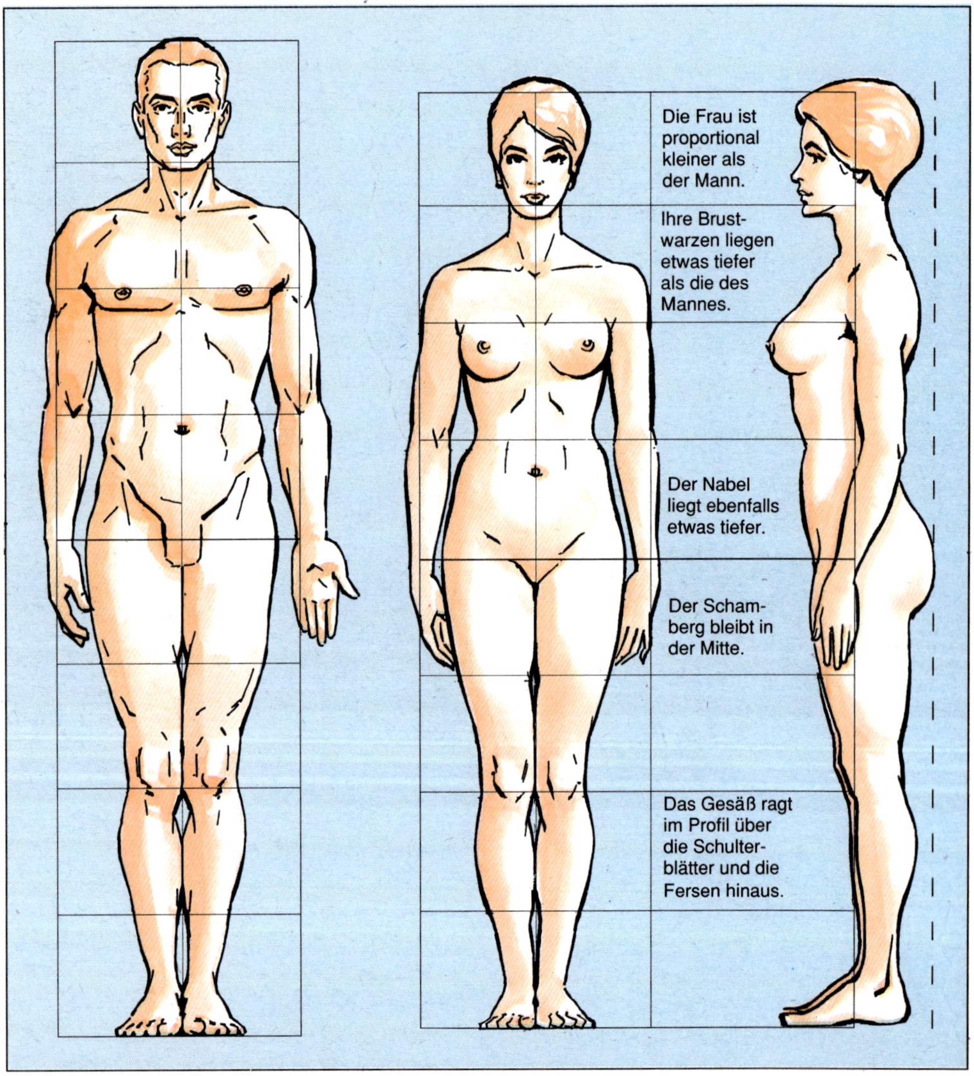

Abb. 18: Der Kanon der Frau stimmt praktisch mit dem des Mannes überein. Einige Besonderheiten müssen jedoch berücksichtigt werden, die aus einem Vergleich der Abbildungen hervorgehen: Der Kopf ist proportional kleiner, die Schultern sind etwas schmaler, die Hüften etwas breiter, die Taille wiederum schmaler etc. Die gesamte Struktur ist etwas kleiner.

Abb. 19 bis 22: Hier einige Beispiele über den Einfluß der Mode und der Sitten auf den Körper der Frau. Zu manchen Zeiten bevorzugte man schlanke Körper, zu anderen dominierte die üppige Gestalt. Von oben nach unten: Hans Baldung „Die drei Grazien"; Tizian: „Venus, sich bei Musik erholend"; Rubens: „Die drei Grazien"; Badia Champs: „Weiblicher Akt", Privatsammlung.

19

21

20

22

Giovanni, Bellini, Tizian und Veronese in Italien, genauer gesagt in Venedig, einen vollschlanken Frauenkörper mit dicken Oberschenkeln malten und zeichneten. Zehn Jahre später malte Rubens rundliche Matronen als Idealbild der weiblichen Gestalt. Ende des vergangenen Jahrhunderts verlangte die Mode mit ihrem Schnürkorsett erneut eine schmale Taille mit stark hervorquellendem Busen und kräftigen Hüften und Gesäßbacken. Die heutige Frau sieht anders aus: Sie arbeitet, achtet auf ihre Figur und gewinnt Olympiamedaillen.

Kindheit und Jugend

Abb. 23: Das zweijährige, das sechsjährige und das zwölfjährige Kind besitzen unterschiedliche Proportionen und entsprechen einem Kanon mit fünf, sechs und sieben Modulen.

Abb. 24: Marino Fortuny (1838–1874) „Der Flötenspieler", Sammlung Fortuny der Königlichen Akademie von Sant Jordi, Barcelona. Zeichnung mit Kohlestift.

Mit seinem großen Kopf, dem dicken Leib und seinen kurzen Beinen ist das so anmutige Kleinkind eine wahre Karikatur der idealen Proportionen eines Polyklet und seiner Zeitgenossen. Der Kanon des Kindes ist zweifellos ganz anders, und er verändert sich darüber hinaus unablässig von der Geburt bis zum Erwachsenenalter. Der Grund für die Veränderungen der Proportionen während des Wachstums ist in der vorzeitigen Entwicklung lebenswichtiger Körperteile zu suchen – insbesondere des Kopfes –, weil diese bereits in den ersten Lebensjahren mehr oder weniger dieselben Funktionen erfüllen wie beim Erwachsenen.

Uns bleibt also keine Wahl: Wir müssen mehrere Kanons erlernen, mindestens vier, die die Besonderheiten des Neugeborenen sowie des Kindes mit zwei, sechs und zwölf Jahren berücksichtigen. Abbildung 23 zeigt den Vergleich der Kanons untereinander.

Arbeiten Sie die folgenden Punkte durch, und analysieren Sie den Kanon des jeweiligen Lebensalters.

23

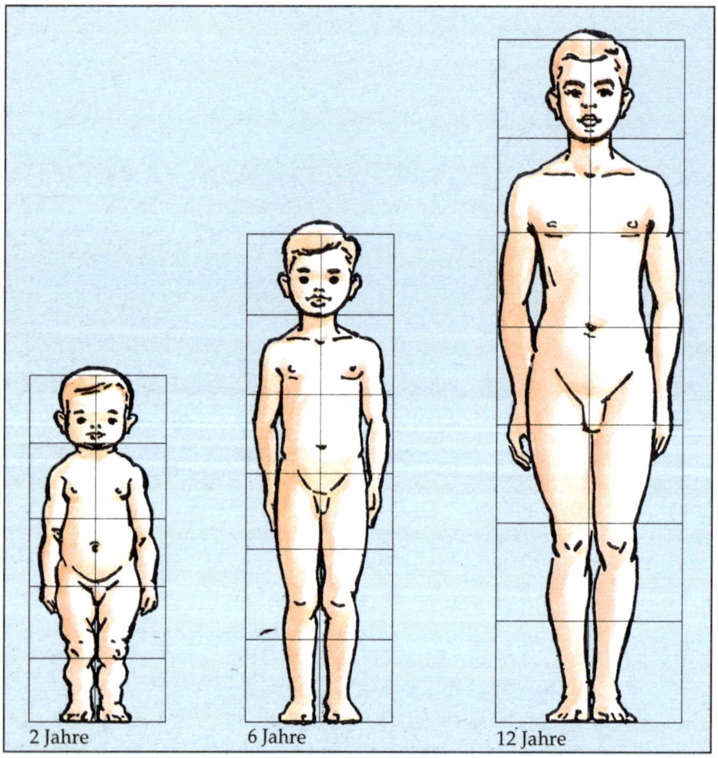

Der Kanon des Neugeborenen. Er zeigt uns einen Körper, dessen Höhe vier Köpfen entspricht. Verglichen mit einem Erwachsenen (siehe vorige Seite), ist der Kopf des Neugeborenen im Verhältnis zu seinem übrigen Körper also doppelt so groß. Die Proportionen von Armen und Rumpf entsprechen dagegen denen des Mannes, während die Beine erheblich kürzer sind. Außerdem besitzt das Neugeborene noch keine Taille. Sein Leib ist rund, sein Brustkorb flach, seine Arme und Beine sind dick und rund, und an seinen Gelenken befinden sich deutliche Falten, während das Muskelspiel nicht zu erkennen ist.

Der Kanon des zweijährigen Kindes. Der Körperbau des Zweijährigen entspricht praktisch dem des Neugeborenen. Der Kopf ist weiterhin unproportioniert und besitzt jetzt viel Haar und lebhaftere, scheinbar rundere Augen. Die

24

25

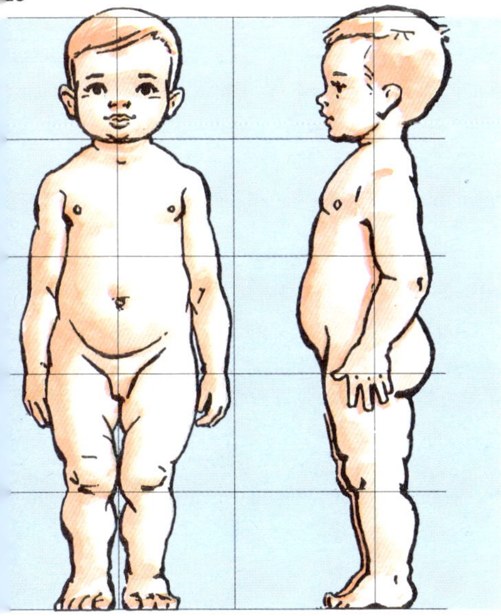

Beine sind immer noch kurz. Der Brustkorb beginnt sich jedoch zu entwickeln, er nimmt – wenn auch noch wenig – im Vergleich zu den Hüften und zum Gesäß an Umfang zu, die wie der Leib immer noch unförmig dick sind. Diese Kinder malten Rubens und Murillo (Abb. 26 und 27) für ihre Engelchen.

Der Kanon des sechsjährigen Kindes. Der Körper ist schneller gewachsen als der Kopf. Er mißt bereits sechs Module. Der Rumpf streckt sich und wird länger, er nähert sich den Proportionen des erwachsenen Mannes. Die Brustwarzen stimmen ebenfalls beinahe mit denen des Erwachsenen überein. Die Taille wird langsam schmaler.

Der Kanon des zwölfjährigen Kindes. Er ist jetzt sieben Kopfhöhen groß, und sein Körperbau ähnelt noch stärker dem Erwachsenen. Die Linien des Kanons für den Schamberg, den Nabel und die Brustwarzen stimmen praktisch mit denen des Mannes überein. Zu beobachten ist noch ein erhebliches Mißverhältnis zwischen dem Oberkörper und dem Becken – immer verglichen mit dem erwachsenen Mann –, da die Brust noch nicht gut entwickelt und erst so breit wie die Hüften ist. Außerdem sind die beiden Beine noch zu kurz, so daß der Rumpf, verglichen mit dem übrigen Körper, unproportioniert wirkt. Die Fettpolster sind verschwunden, die Muskulatur aber noch nicht sichtbar, so daß der Körper äußerlich ziemlich weiblich wirkt.

Abb. 25 bis 27: Der Kanon des zweijährigen Kindes (Abb. 25) ist in Rubens „Das Jesuskind und der hl. Johannes mit zwei Engeln" zu erkennen. Kunsthistorisches Museum, Gemäldegalerie Con Frans Shijders, Wien. Abb. 27 zeigt einen Ausschnitt von Murillos „Inmaculada", Prado, Madrid.

26

27

Der Augenblick ist gekommen, die auf den vorigen Seiten erworbenen Kenntnisse über die idealen Proportionen des menschlichen Körpers zu festigen. Dazu werden wir den Körper zunächst auf ein Schema, auf eine Grundstruktur reduzieren, mit der wir die Berechnung der Maße und Proportionen üben, die Gestalt in Bewegung zeichnen und die Standbeinposition kennenlernen, die in zahlreichen Bewegungsabläufen und Körperhaltungen zu finden ist. Anschließend werden wir versuchen, die Gestalt aus dem Kopf zu zeichnen. Das ist eine notwendige Übung, um Menschen im allgemeinen darstellen und rasche Figurenskizzen anfertigen zu können. Es handelt sich also um ein Kapitel mit praktischen Erkenntnissen und Übungen, das mit dem Stift in der Hand zeichnend durchgearbeitet werden sollte.

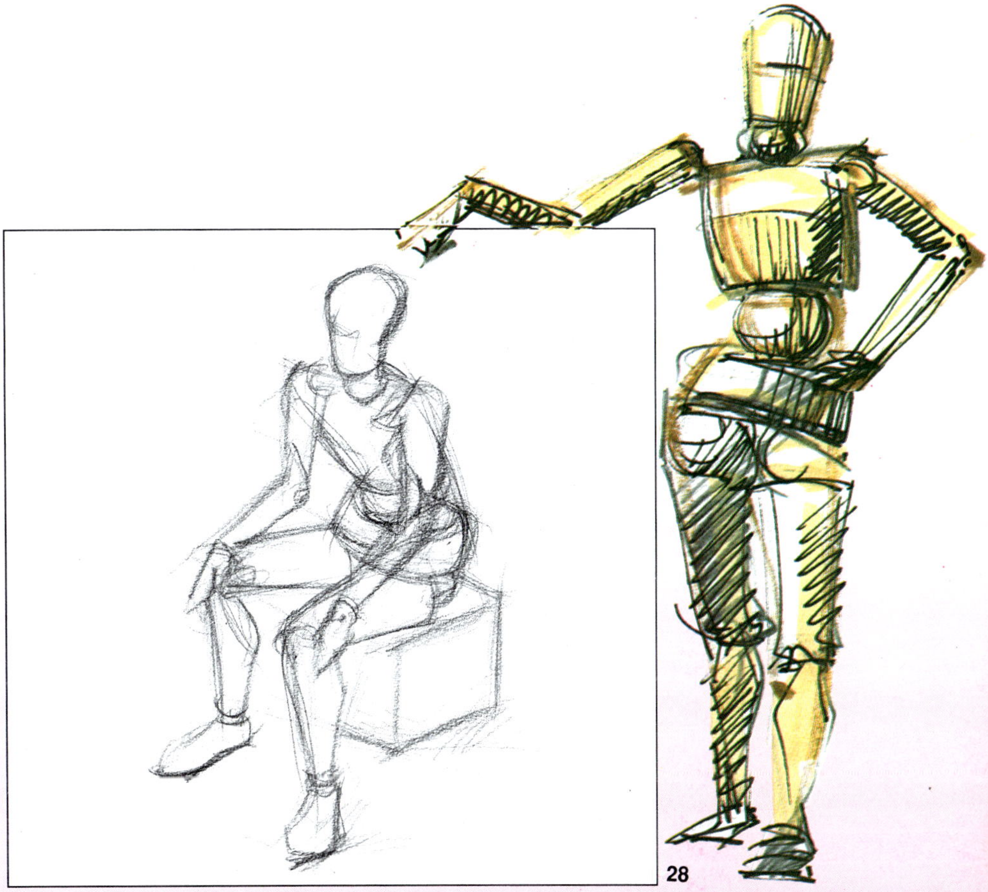

28

Der Aufbau des menschlichen Körpers

Erstes Schema des menschlichen Körpers

Ich rate Ihnen, einen Bleistift (3B oder 4B) zur Hand zu nehmen und die Schemata auf dieser und der folgenden Seite während der Lektüre mitzuzeichnen. Es folgt also eine gleichzeitig theoretische und praktische Unterweisung.
Wir beginnen mit einer Gestalt, deren Proportionen denen des idealen menschlichen Körpers entsprechen: Kopf, Brustkorb und Becken besitzen Volumen, die Glieder sind „bis auf die Knochen" reduziert (Abb. 29).
Beginnen wir mit den Formen, aus denen die Schemazeichnung zusammengesetzt ist:

Der Kopf. Seine Form kommt dem wirklichen Kopf sehr nahe. Es fehlen nur die vorspringende Nase sowie die Augen, der Mund und das Haar. Wie gesagt, es handelt sich um ein vereinfachtes Schema.

Der Brustkorb. Ich habe versucht, diesen komplexesten Körperteil auf einige geometrische Flächen zu reduzieren, die Sie auf der folgenden Abbildung 30A sehen. Obwohl der Aufbau schematisch ist, erfordert er einige Vorzeichnungen zu bestimmten Haltungen und Bewegungen.

Das Becken (besser gesagt, der Teil, der den Hüften und dem Gesäß entspricht). Es muß als Badehose dargestellt werden, die mit Luft gefüllt ist und frei in der Luft schwebt. Kopieren Sie diese Zeichnungen, und versuchen Sie, die Form und vor allem die perspektivischen Verkürzungen der Hohlräume für die Schenkel zu erfassen. Sie verändern sich je nach Stellung und Blickpunkt des Künstlers (Abb. 30B).

29

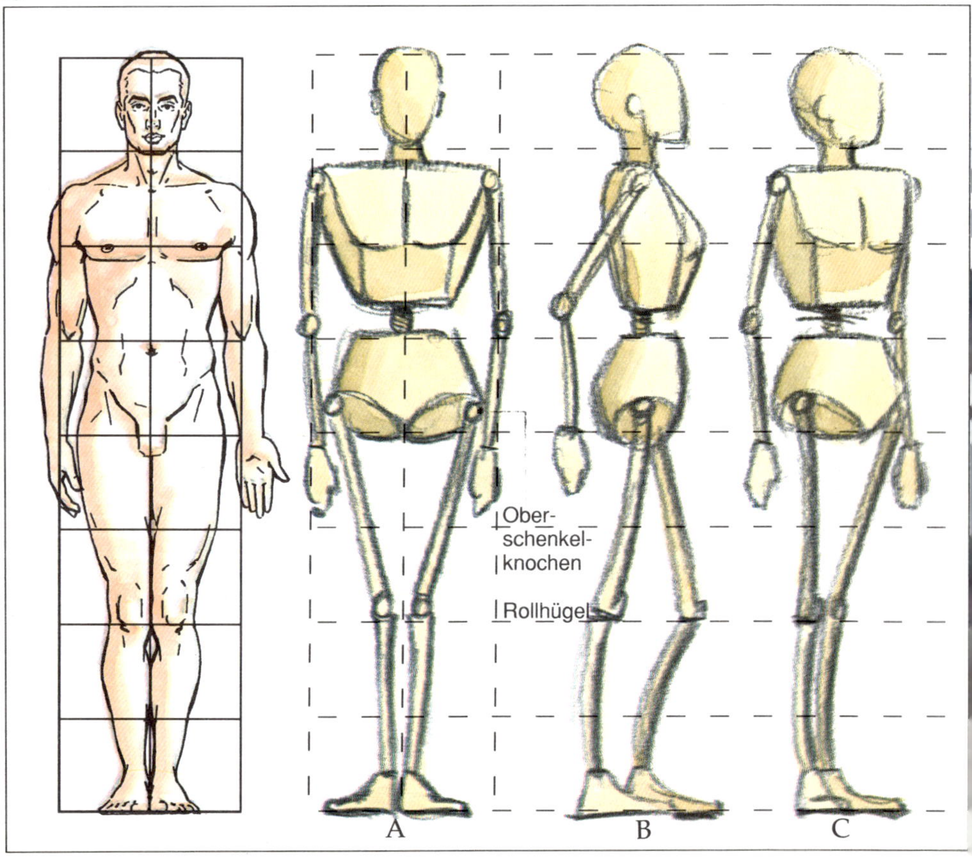

Abb. 29: Hier die auf ein Schema reduzierte Gestalt von vorn (A), im Profil (B) und aus der Dreiviertelsicht (C). Natürlich entsprechen die Maße und Proportionen dieses Schemas acht Köpfen in der Höhe und zwei Köpfen in der Breite.

Arme und Beine. Sie werden zu einfachen Drähten reduziert, die die Knochen dieser Glieder darstellen. Beachten Sie, daß die Oberschenkelknochen, die an den Hüften beginnen und dort die Vorsprünge des Rollhügels bilden, zu den Knien zusammenlaufen. Berücksichtigen Sie ferner (Abbildung 29, im Profil), daß der Oberschenkel nach vorn und der Unterschenkel nach hinten gebogen ist. Ersteres trifft ohnehin zu, das zweite erinnert uns besser an die Wölbung der Wade etc. Zeichnen Sie den Knochen ebenso. Es entspricht vielleicht nicht ganz der Wirklichkeit, ist jedoch zweifellos ausdrucksvoller.

Hände und Füße. Im Augenblick werden sie nur schematisch dargestellt, wie Abbildung 29A, B und C zeigen.
Nehmen wir an, Sie haben bereits eine gesonderte Studie der einzelnen Elemente angefertigt, aus denen sich diese schematische Darstellung zusammensetzt.
Zeichnen Sie nun das gesamte Schema, wie es auf Abbildung 31 dargestellt wird.

Zeichnen Sie diese fünf schematischen Darstellungen und die noch folgenden etwa zwölf Zentimeter hoch.

Berechnen Sie für diese Zeichnungen die exakten Proportionen. Das geht am einfachsten, wenn Sie einen Raster mit acht gleichen Abständen zeichnen, die den acht Kopfhöhen oder Modulen des Kanons entsprechen. Zeichnen Sie den Raster ganz leicht, und bauen Sie die entsprechenden Figuren darin auf.
Gut. Nehmen wir jetzt an, Sie können die stehende Figur inzwischen aus dem Kopf zeichnen. Nun wollen wir sie bewegen, damit sie geht, läuft, springt – lebt.

30

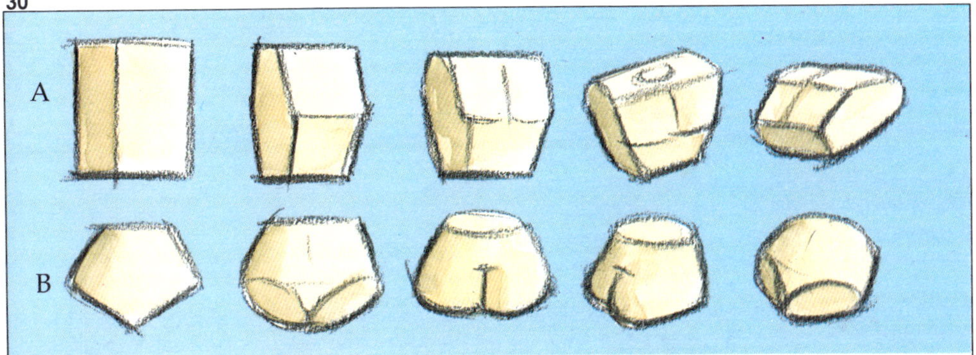

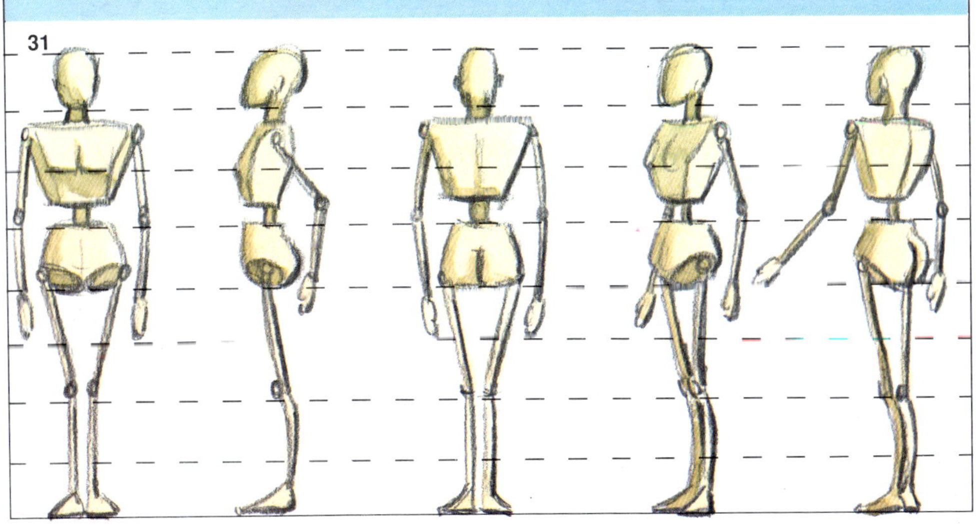

Abb. 30: Hier die Lösung für den Brustkorb und das Becken innerhalb des Schemas der menschlichen Gestalt, mit der wir anschließend arbeiten werden.

Abb. 31: Jetzt wollen wir mit der schematischen Darstellung der Gestalt arbeiten, sie untersuchen und zeichnen. Ziehen Sie einen Raster von 12 cm Höhe und 8 Abschnitten zu je 1,5 cm, und zeichnen Sie die stehende Figur aus unterschiedlichen Blickwinkeln hinein.

Der Hüftknick oder die Sitzbeinstellung

Bewegt sich eine Gestalt, tritt sie einen Schritt vor, verlagert sie das Gewicht auf ein Bein, geht oder läuft sie, kommt ein Faktor ins Spiel, dessen Verständnis für einen guten Aufbau des menschlichen Körpers äußerst wichtig ist: der Hüftknick bzw. die Sitzbeinstellung. Die Anthropologen sprechen von der Sitzbeinstellung, weil das sogenannte Sitzbein (in der Mitte und unten am Becken gelegen) sich je nach Bewegung oder Körperhaltung zur einen oder anderen Seite neigt. Da die Bewegung des Sitzbeins die Verlagerung des ganzen Beckens, also der Hüfte, nach sich zieht, kann man auch vom Hüftknick sprechen. Worin besteht er?

Der Hüftknick ergibt sich aus der Lage des Beckens (und des Oberkörpers), wenn das Körpergewicht nur auf einem Bein ruht (Abb. 32).

Untersuchen wir diesen Faktor nun anhand des menschlichen Skeletts. Abbildung 33 zeigt ein stehendes Skelett. Das Körpergewicht ist zu gleichen Teilen auf beide Beine verteilt. Die Sitzbeine unten am Becken liegen völlig waagerecht.

Abbildung 34 zeigt zwei Skelette in Bewegung, besser gesagt, Skelett A befindet sich – militärisch gesprochen – in der „Rührt-euch-Stellung"; Skelett B läuft. In beiden Fällen ruht das Gewicht auf einem einzigen Bein, während das zweite entlastet ist – es ruht (Stellung A) bzw. fährt zu dem nächsten Schritt nach vorn (B), und es entsteht ein Hüftknick. Das heißt, die beiden Sitzbeine neigen sich oder schwanken, da das gesamte Körpergewicht abwechselnd auf dem einen und dem anderen Bein ruht. Aber das ist nicht alles: Neigt sich das Becken, neigt sich auch der Oberkörper, *doch in entgegengesetzter Richtung*, wie Abbildung 34A und 34B zeigen. Prägen Sie sich diese Tatsache genau ein. Geht, läuft, kniet oder sitzt eine Gestalt, ergibt sich logischerweise fast immer ein Hüftknick, der ein Gegengewicht zum Körper schafft.

Fragen Sie sich also beim Zeichnen aus dem Gedächtnis immer:
„Auf welches Bein stützt sich die Gestalt?" und handeln Sie entsprechend. Beachten Sie, daß die Gewichtsverlagerung unterschiedlich sein kann. In der Ruhehaltung oder Entspannung wie bei Abbildung 34 ist sie vollständig, bei Abbildung 34B geschieht sie nur zur Hälfte.

Abb. 32 bis 34: Zeigt sich bei der Gestalt ein Hüftknick, schiebt sich das Becken nach der einen und der Oberkörper nach der anderen Seite. Diese Tatsache muß man erkennen und berücksichtigen, denn sie macht sich in zahlreichen Posen des Körpers bemerkbar.

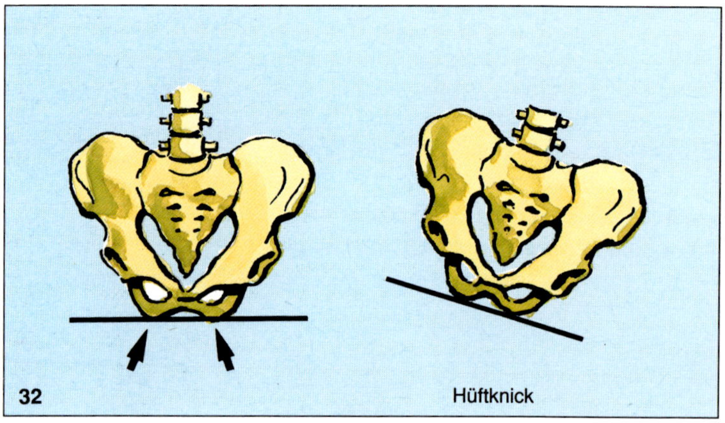

32

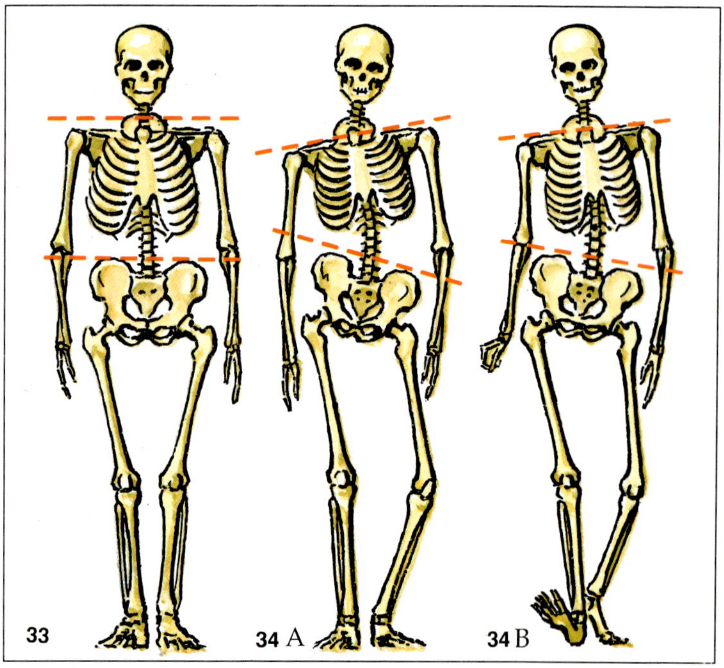
33

34 A

34 B

Beachten Sie schließlich, daß das Körpergewicht bei bestimmten Haltungen auf beiden Beinen gleichmäßig verteilt ist, zum Beispiel beim aufrechten Stehen mit gespreizten Beinen. Dabei entsteht natürlich kein Hüftknick.
Prägen Sie sich diese Einzelheiten ein, indem Sie die nebenstehenden Schemata (Abb. 35) zeichnen und genau erkunden, weshalb jede Haltung so sein muß.

35

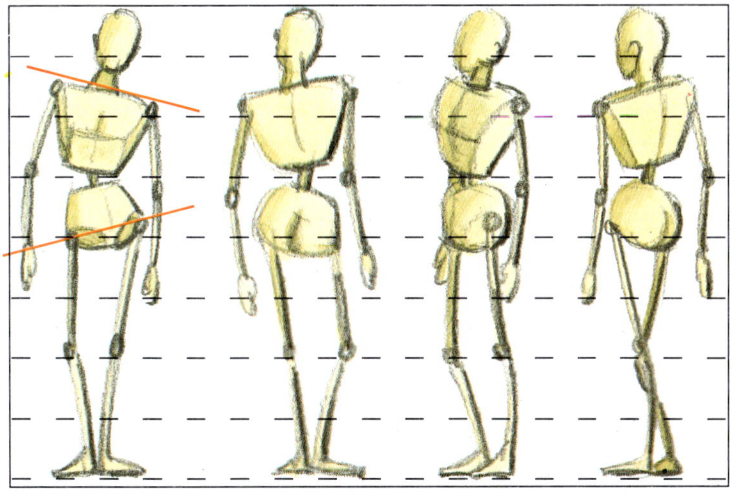

Abb. 35: Zeichnen Sie jetzt diese vier schematischen Darstellungen, bei denen sich der Hüftknick deutlich bemerkbar macht.

36

37

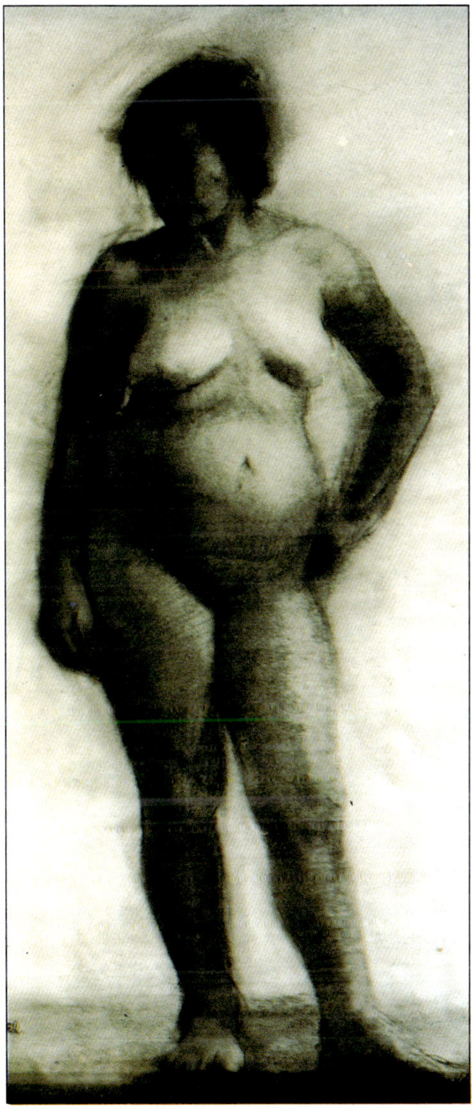

Abb. 36 und 37. Hier zwei Beispiele, bei denen das Modell einen Hüftknick erzeugt. Abb. 36: Jacques Callot (1592–1635) „Studie eines männlichen Akts“, Rötelkreide, Uffizien, Florenz; Abb. 37: Joan Sabater „Weiblicher Akt“, der Fakultät der schönen Künste von Barcelona überlassen.

Die Gestalt in Bewegung

38

Zeichnen Sie zum Abschluß – immer noch schematisch – die Gestalt in Bewegung, wie sie zwanglos geht, läuft, rasch die Treppe hinaufsteigt, entspannt auf einem Stuhl sitzt, dort nachdenkt, spricht und gestikuliert, kämpft und zu Boden stürzt (Abb. 39 und 40). Zeichnen Sie diese und weitere Körperhaltungen und Bewegungen. Aber Vorsicht: Achten Sie auf die richtigen Proportionen!

Halten Sie sich auch bei diesen Übungen an die schematische Darstellung – aber ohne die Lebendigkeit oder die Bewegung zu schmälern. Bei den schematischen Darstellungen auf der Seite gegenüber (Abb. 40) habe ich manchmal die Trennung für die Taille weggelassen. In anderen Fällen habe ich die Form des Beckens leicht verändert, dabei jedoch immer an den lebenden Körper gedacht und nicht etwa die kühl berechnete Form seiner schematischen Darstellung wiedergegeben.

Diese schematischen Darstellungen müssen Sie unbedingt mehrmals zeichnen, bevor Sie sich mit der folgenden Lektion befassen.

39

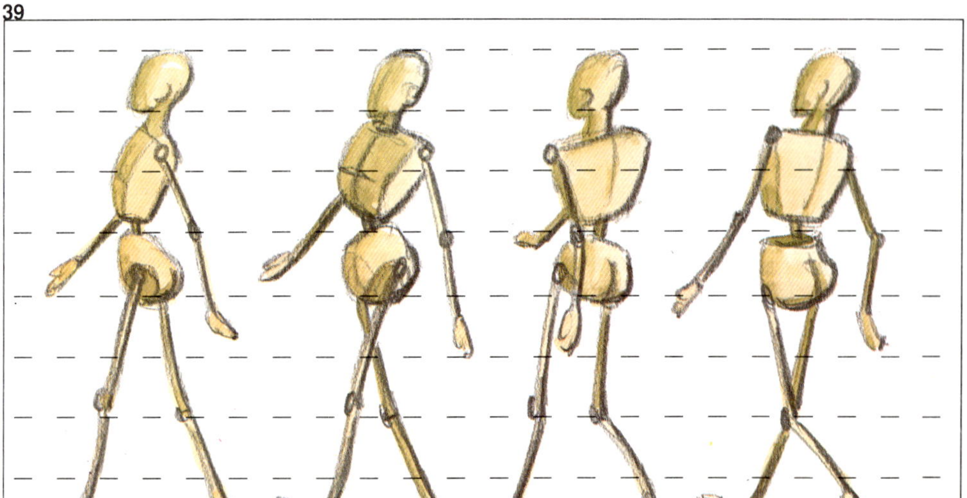

Abb. 38: Luca Cambiaso (1527–1588) „Taumelnde Männer“, Uffizien, Florenz. Schon immer hielten sich die Künstler beim Aufbau des menschlichen Körpers an Kanons, Vereinfachungen oder Schemata wie jene, die uns der italienische Renaissancekünstler zeigt.

Abb. 39 und 40: Untersuchen und zeichnen Sie diese und weitere Schemata, und üben Sie den Aufbau eines Menschen in Bewegung.

40

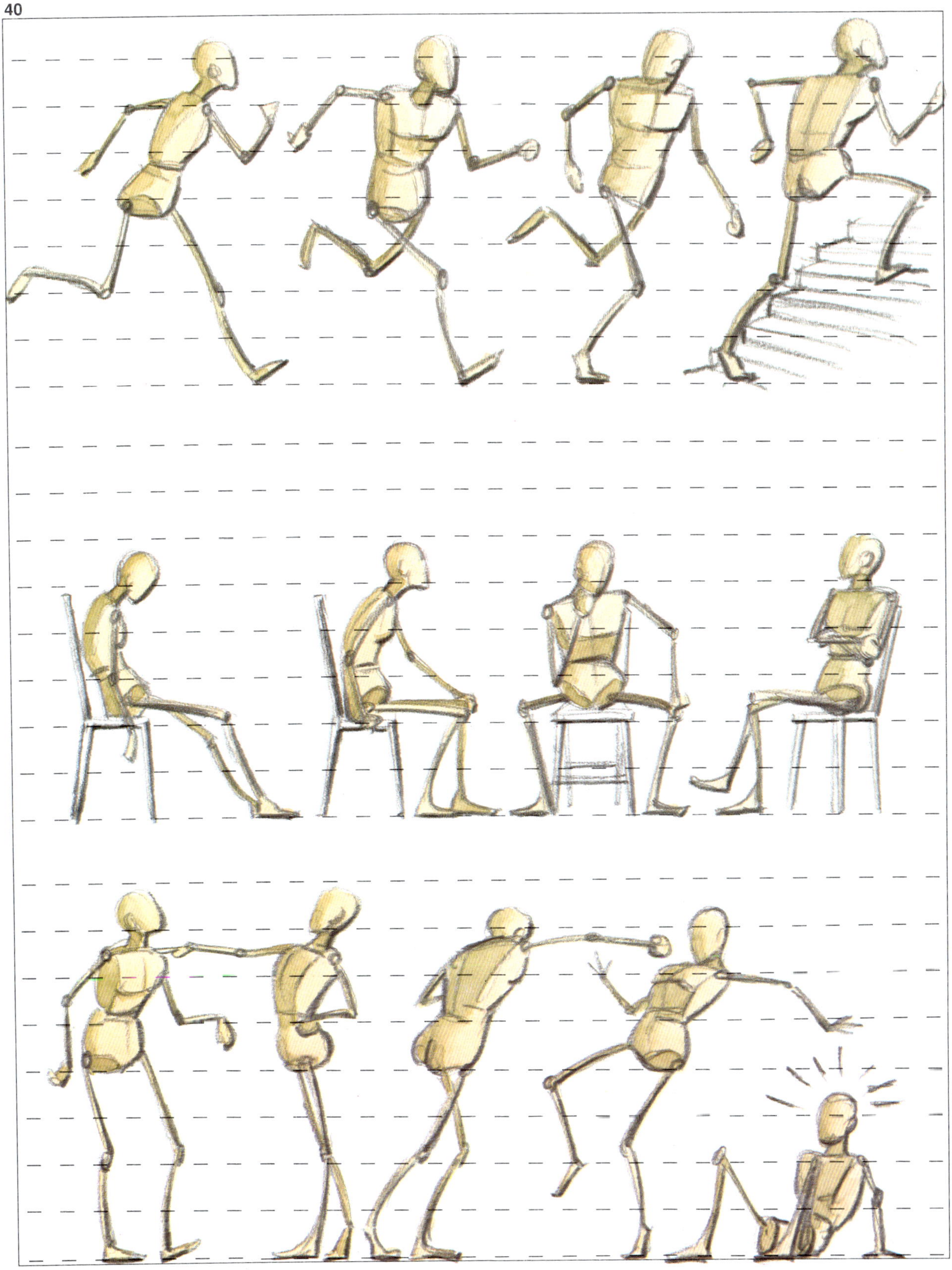

Die hölzerne Gliederpuppe

41

Im Staatlichen Museum Berlin ist eine weibliche hölzerne Gliederpuppe aus dem 14. Jahrhundert ausgestellt. Der Chronist der Renaissance, Vasari, erklärt in seinem berühmten Buch „Das Leben der besten italienischen Künstler", daß Fra Bartolomeo (1474–1517) als erster eine hölzerne Gliederpuppe zum Zeichnen von Gestalten verwendete.
Das Modell der hölzernen Gliederpuppe von Abbildung 41 ist praktisch identisch mit dem, das Fra Bartolomeo benutzte. Mehr oder weniger gut zusammengefügt und gegliedert, können Sie diese in allen Künstlerbedarfsgeschäften kaufen. Das gebräuchlichste Modell ist zwischen 30 und 35 cm groß. Es sind jedoch auch größere erhältlich. In manchen Akademien der schönen Künste gibt es sogar Gliederpuppen in Originalgröße (1,70 m hoch).
Gliederpuppen sind teuer, aber wirklich nützlich. Aufgrund der Gelenke am Kopf, am Rumpf und an den Extremitäten lassen sich alle Haltungen im Stehen, Sitzen, in Ruhestellung und in Bewegung – Gehen, Laufen, Springen etc. – nachahmen. Haltungen, die der menschliche Körper nicht einnehmen kann, wie das rückwärtige Biegen des Arms oder des Beins, sind jedoch nicht möglich.
Auf dieser Doppelseite sehen Sie einige Skizzen von derartigen Gliederpuppen. Falls Sie die Möglichkeit haben, sich eine solche Puppe zu beschaffen, rate ich Ihnen, ebenfalls derartige Übungen durchzuführen und dabei etliche Posen auszuprobieren. Auf diese Weise lernen Sie mit Sicherheit, die Proportionen und den Aufbau des menschlichen Körpers korrekt zu zeichnen. Mir sind diese Übungen so wichtig, daß ich Ihnen vorschlagen möchte, sich eine Puppe zu basteln, falls Sie keine professionelle Gliederpuppe besitzen und sich auch keine beschaffen können.
Wie geht das?

Abb. 41: Hölzerne Gliederpuppe von 35 cm Höhe, die in Künstlerbedarfsgeschäften erhältlich ist.

Abb. 42: Mit Hilfe der Gliederpuppe lassen sich unterschiedliche Positionen darstellen.

42

Eine Gliederpuppe aus Papier

43

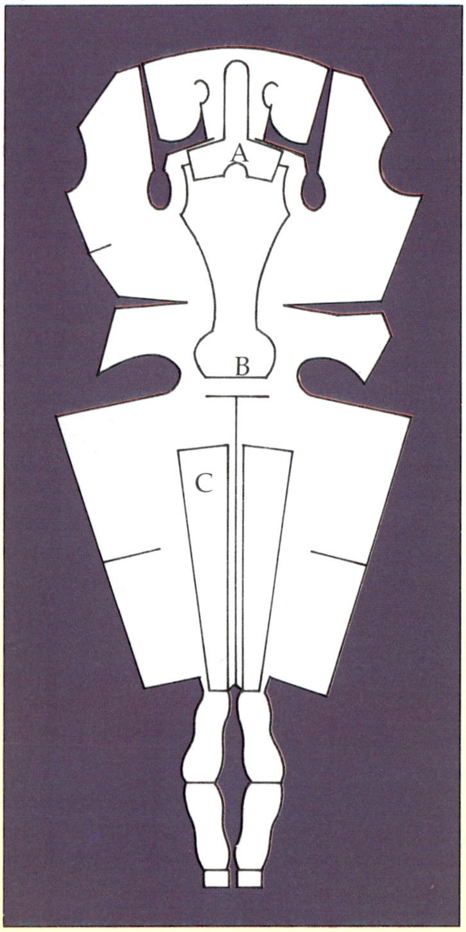

44

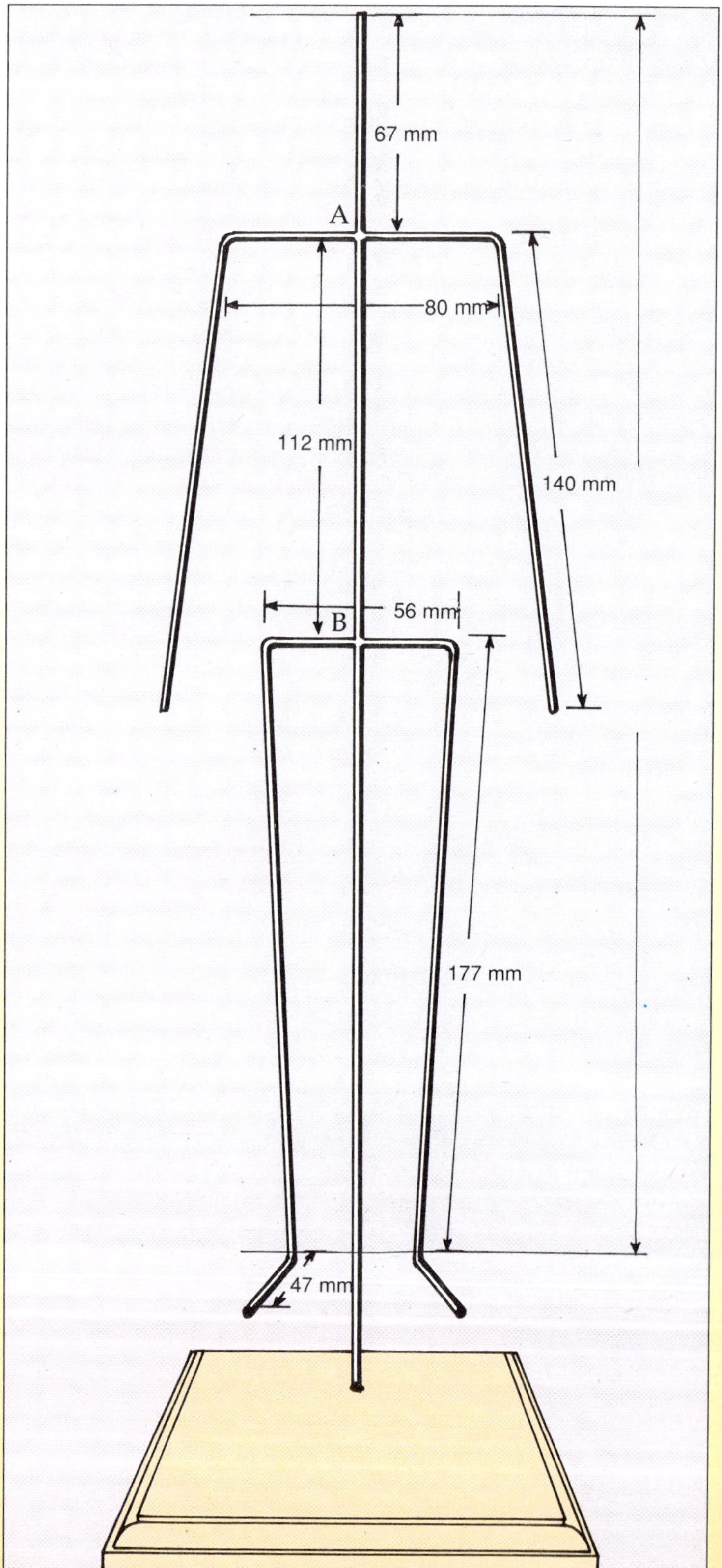

Diese Gliederpuppe können Sie nach unserer Anleitung auf dieser und der folgenden Doppelseite selbst bauen.
Sie benötigen einen ziemlich dicken, weißen Bogen Papier von 27 x 50 cm, mit dem Sie eine Figur oder eine Vorlage wie auf Abbildung 43 erhalten. (Die Vorlage in der Originalgröße sehen Sie auf Seite 30/31.) Ferner benötigen Sie ein Gestell aus sehr biegsamem Aluminiumdraht mit den auf Abbildung 44 angegebenen Maßen. Wie aus der Abbildung hervorgeht, besteht das Gestell aus drei Teilen, die an den Punkten A und B zusammengelötet werden müssen. Sollte Ihnen dies Schwierigkeiten bereiten, rate ich Ihnen, damit zu einem Schlosser zu gehen. Ich habe es folgendermaßen gemacht: Ich habe eine Zeichnung mit den Maßen zu einem Schlosser gebracht, einen Draht ausgesucht, der sich leicht biegen läßt,

45

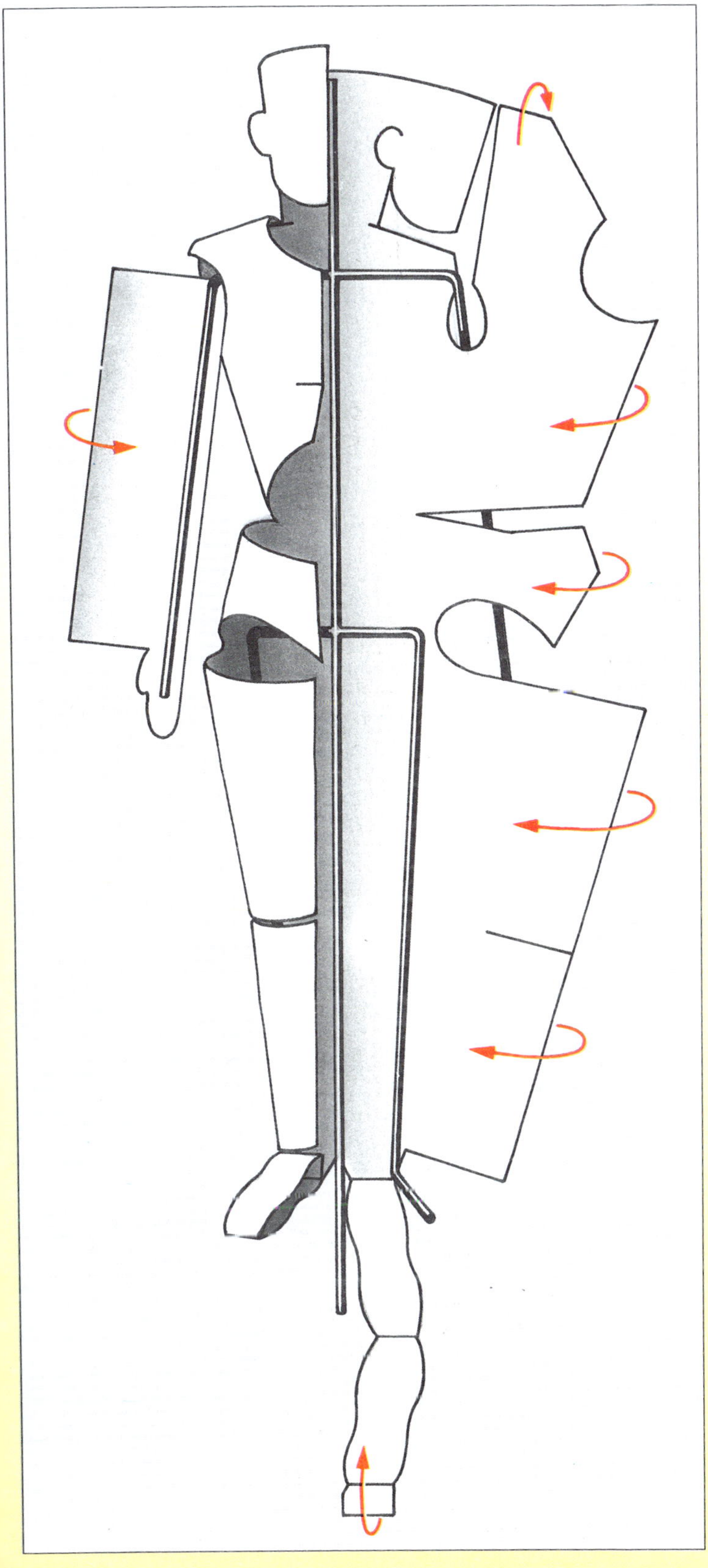

46

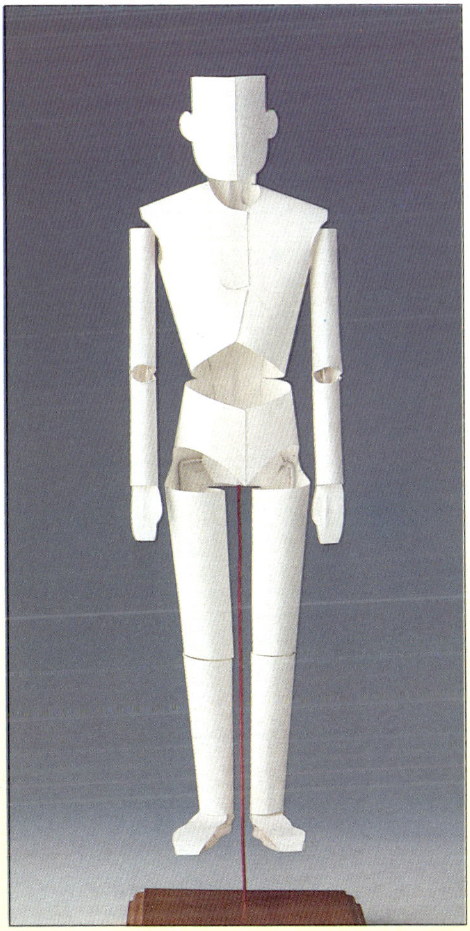

und schon am nächsten Tag das Gestell erhalten. Schließlich habe ich noch einen Schreiner gebeten, mir einen kleinen Holzfuß oder Sockel mit einem Loch in der Mitte anzufertigen, in den ich die Gliederpuppe stellen konnte (Abb. 44).

Abb. 43 (vorige Seite): Vorlage für die Gliederpuppe, die mit Hilfe der Teile A, B und C an ein Drahtgestell geklebt wird. Es fehlen die Arme, die aus zwei Papierzylindern bestehen (siehe Abb. 45 und 46).

Abb. 44: Das Skelett der Gliederpuppe: Ein Gestell aus Aluminiumdraht aus drei Teilen, die an den Punkten A und B zusammengelötet werden.

Abb. 45: So wird die Gliederpuppe zusammengesetzt, nachdem man das Drahtgestell mit Hilfe der Stücke A, B und C aus Abbildung 43 verstärkt hat. Wie Sie sehen, werden die Arme getrennt geformt.

Abb. 46: Nachdem die rechte Seite mit der linken zusammengeklebt ist, braucht die Gliederpuppe nur noch ein wenig retuschiert zu werden.

Vorlage für die Gliederpuppe aus Papier

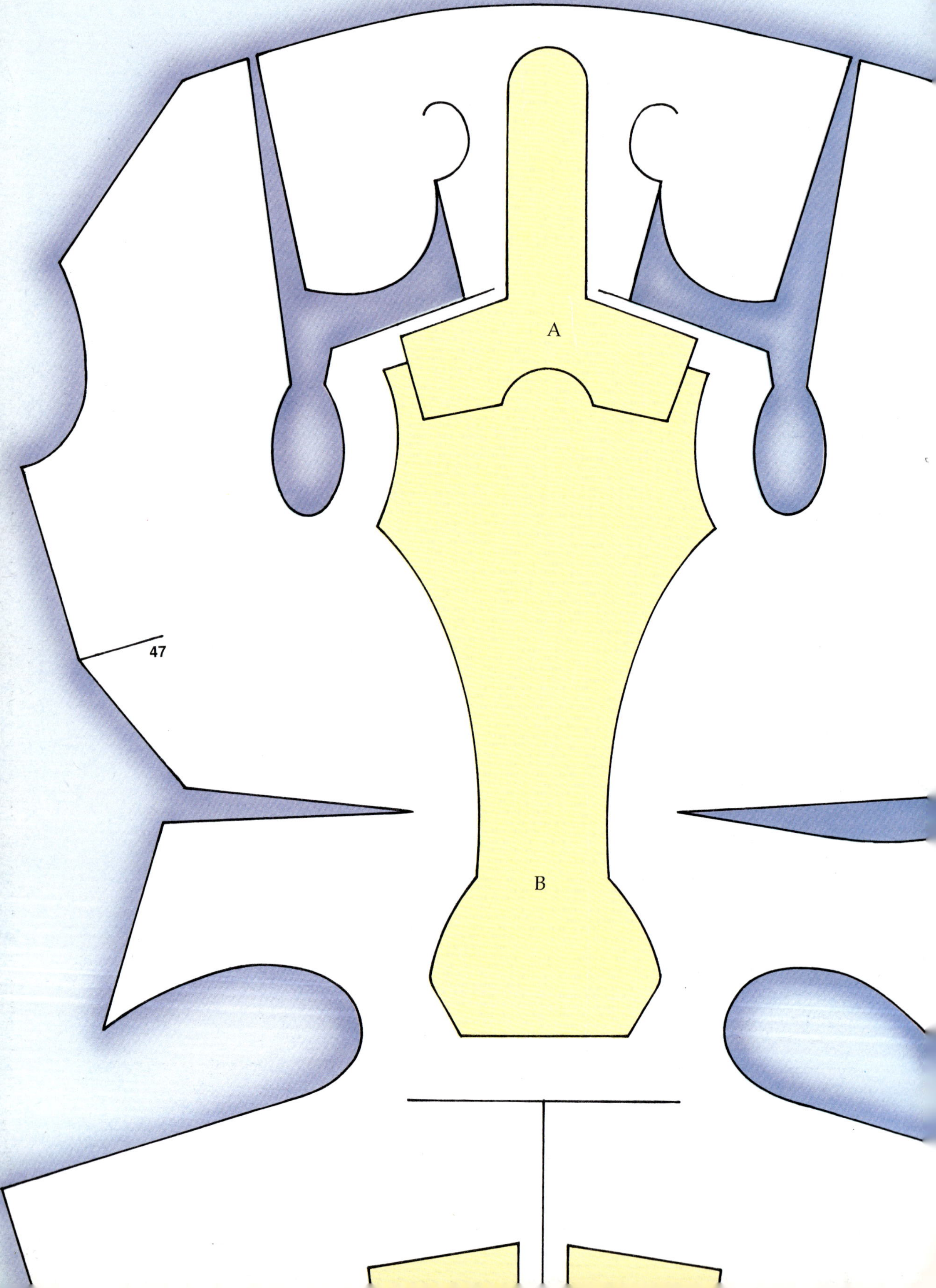

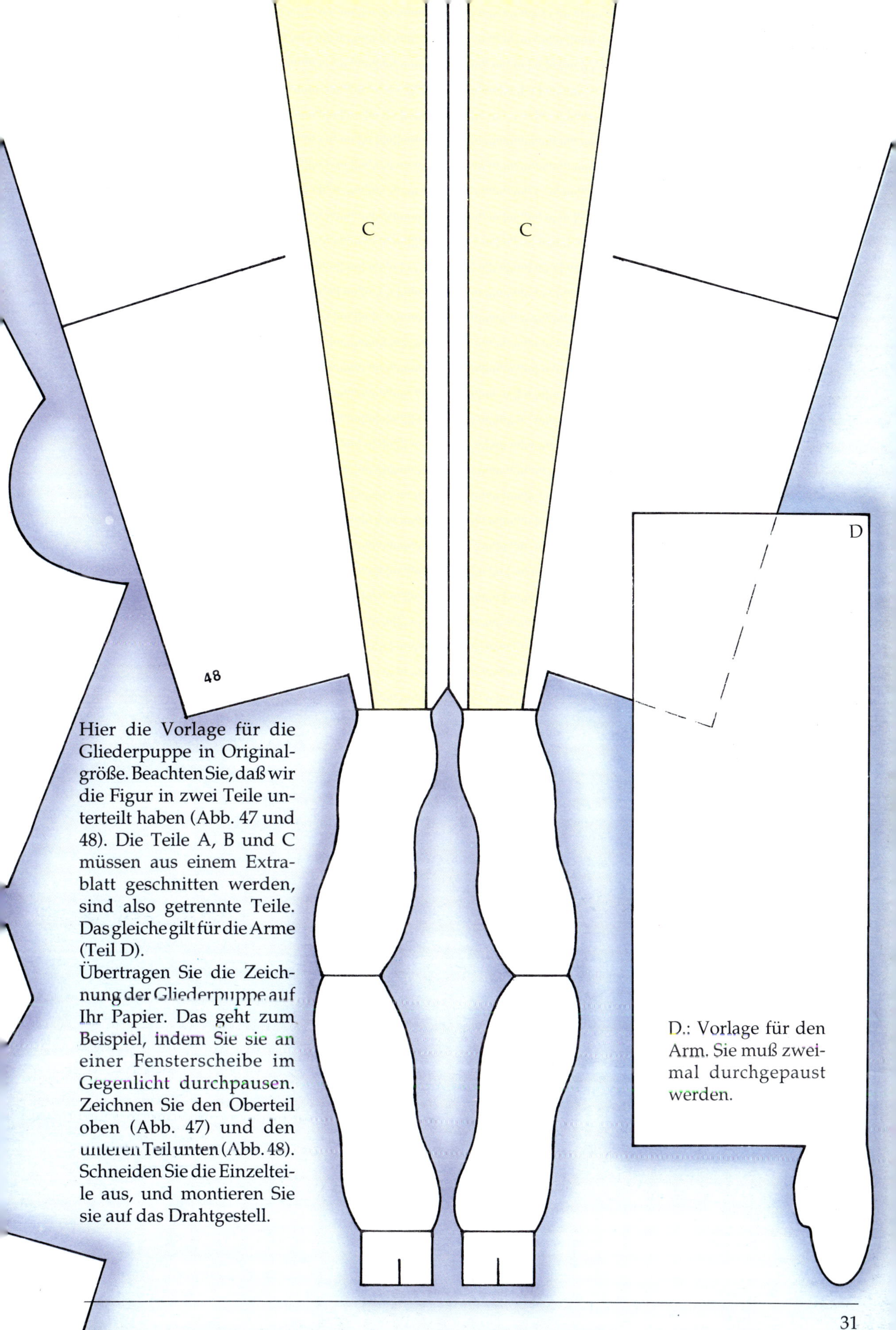

Hier die Vorlage für die Gliederpuppe in Originalgröße. Beachten Sie, daß wir die Figur in zwei Teile unterteilt haben (Abb. 47 und 48). Die Teile A, B und C müssen aus einem Extrablatt geschnitten werden, sind also getrennte Teile. Das gleiche gilt für die Arme (Teil D).

Übertragen Sie die Zeichnung der Gliederpuppe auf Ihr Papier. Das geht zum Beispiel, indem Sie sie an einer Fensterscheibe im Gegenlicht durchpausen. Zeichnen Sie den Oberteil oben (Abb. 47) und den unteren Teil unten (Abb. 48). Schneiden Sie die Einzelteile aus, und montieren Sie sie auf das Drahtgestell.

D.: Vorlage für den Arm. Sie muß zweimal durchgepaust werden.

Wie man die Papierpuppe bewegt

Natürlich besitzt diese Puppe keine Gelenke, so daß deren Funktion durch Biegen der Drähte an den entsprechenden Punkten ersetzt werden muß (Hals, Taille, Schultern, Ellbogen etc.). Beachten Sie, daß der Draht brechen kann, wenn sie ihn mehrmals an derselben Stelle biegen. Wählen Sie daher einen elastischen Draht, der das aushält.

Achten sie bei den Posen und Haltungen der Gliederpuppe darauf, daß sie logisch und nachvollziehbar sind.

Natürlich werden Sie einen Arm nicht so nach hinten biegen, daß der Ellbogen nach vorn zeigt. Achten Sie aber auch darauf, wie weit der Arm ausgestreckt oder ein Bein angehoben werden kann etc. Stellen Sie nur Bewegungen dar, die in Wirklichkeit vorkommen. Erinnern Sie sich zum Beispiel an folgendes:

Beim Gehen oder Laufen bewegen sich die Arme entgegengesetzt zu den Beinen (Abb. 49).

Bei den meisten statischen Positionen spielt der Hüftknick eine Rolle (Abb. 50). Der Körper möchte sich immer im Gleichgewicht halten. Neigt sich der Rumpf nach vorn, zur Seite oder nach hinten, hebt man instinktiv die Arme und streckt sie entgegengesetzt (Abb. 51).

49

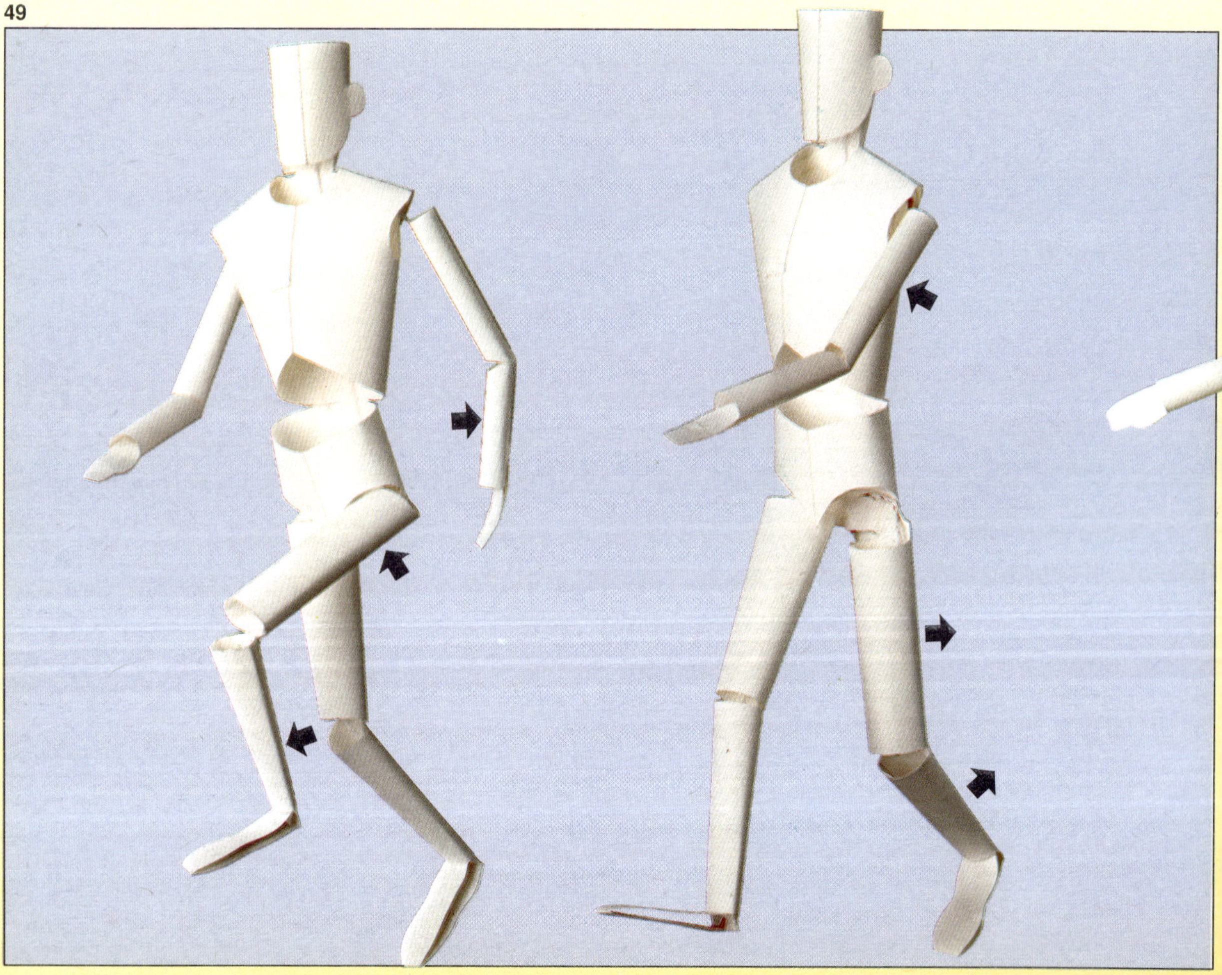

50

51

Abb. 49 bis 51: Wie hier zu sehen, lassen sich beinahe alle Körperbewegungen mit der Papierpuppe wiedergeben. Achten Sie jedoch darauf, daß die Bewegungen logisch, natürlich und möglich sind. Beachten Sie zum Beispiel, daß Arme und Beine sich beim Laufen entgegengesetzt bewegen. Heben wir mit einem Arm ein Gewicht, geht der andere Arm automatisch in die Höhe.

Eine Zeichnung von der Gliederpuppe

52

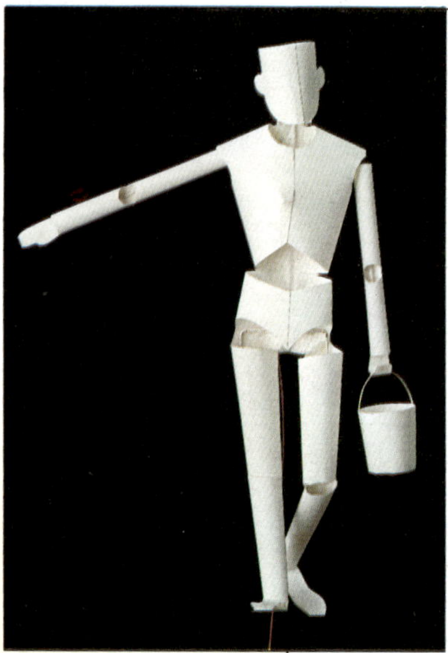

53

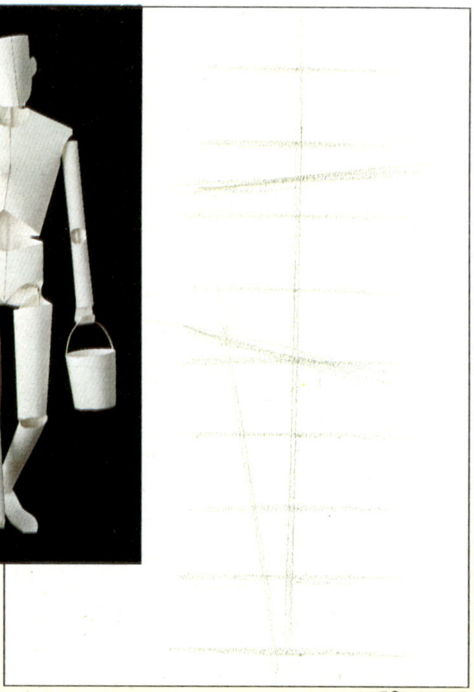

54

55

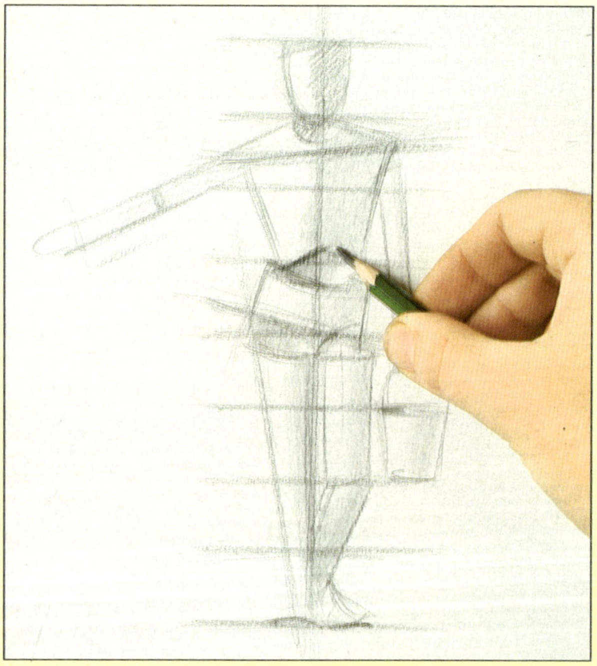

56

Letzter Schritt: Die Gliederpuppe aus Papier ist fertig montiert. Sie können mit ihr arbeiten und sie einige Male in unterschiedlichen Positionen zeichnen. Das wollen wir jetzt tun. Meine kurze Studie ist auf der folgenden Seite Schritt für Schritt abgebildet.

Zunächst bestimme ich die Pose der Gliederpuppe, nämlich jene, die auf der vorigen Seite abgebildet ist: eine Gestalt, die läuft und einen Wassereimer in der linken Hand trägt (Abb. 52).
Ich beginne die Zeichnung, indem ich nach Augenmaß acht Abschnitte festlege (die acht Kopfhöhen des Kanons). Mit einzelnen Strichen legte ich bereits den Hüftknick und die Symmetrieachse des menschlichen Körpers fest (Abb. 53).
Anschließend zeichne ich die Grundstruktur der Puppe. Ich arbeite mit einem weichen Bleistift 4B. Die Zeichnung ist etwa 18 cm hoch (Abb. 54).
Mit innenliegendem Stift zeichne ich mit der kegelförmigen Mine, beginne mit der Ausarbeitung und berechne dafür die Beziehung der tonalen Werte (Abb. 55).
Ich „male" den Hintergrund und beginne in der linken oberen Ecke mit einer Abstufung, die die Gestalt auf ihrer beleuchteten Seite hervorhebt und betont (Abb. 56).
Ich vervollständige die Tonwertbestimmung, schatte die Töne ab und arbeite abwechselnd mit dem Wischer, der in meinem Fall aus den Fingern besteht (Abb. 57).
Zum Abschluß retuschiere ich die Zeichnung mit dem Bleistift und hole einige weiße und helle Stellen mit einem knetbaren Radiergummi wieder hervor (Abb. 58), bis die Arbeit ganz fertig ist (Abb. 59).

Abb. 52 bis 59: Studieren Sie den Ablauf genau, und zeichnen Sie die Gliederpuppe anschließend in dieser oder einer anderen Haltung Ihrer Wahl.

57

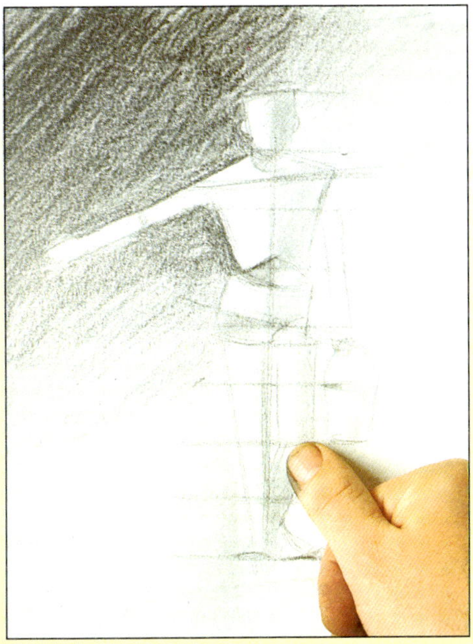

58

59

Um die Kenntnis der Perspektive und der Anatomie kommt der Figurenzeichner oder -maler nicht herum. Der menschliche Körper ist, wie wir gleich sehen werden, eine Ansammlung von Kreisen und Zylindern, und deren Zeichnung hängt von der jeweiligen Perspektive ab.
Die Kenntnis der künstlerischen Anatomie ist nicht von der Figurenzeichnung und insbesondere von der Aktzeichnung und -malerei zu trennen. Die Künstler der Renaissance wußten dies und gingen zum erstenmal in die Krankenhäuser und Leichenhallen, um – wie Leonardo da Vinci in seinem „Traktat über die Malerei" berichtet – „unter schrecklichem Ekel und Übergeben Leichen zu sezieren und die Geheimnisse zu entdecken, die die Glieder des menschlichen Körpers steuern".

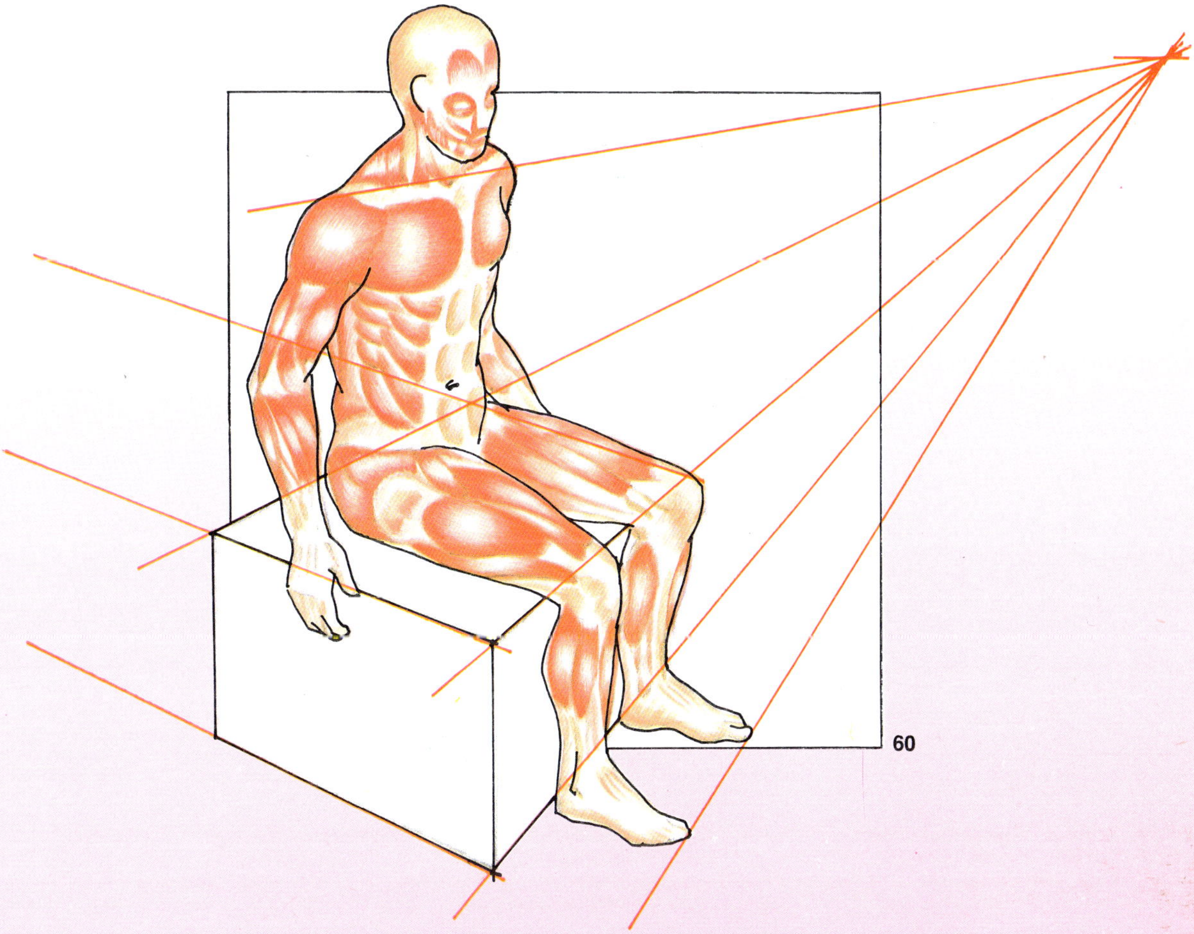

60

Die Perspektive und die Anatomie

Die Perspektive

Unsere Gliederpuppe aus Papier ist hervorragend geeignet, uns die Bedeutung der Perspektive für den Aufbau des menschlichen Körpers klar und verständlich zu machen. Sie bestätigt uns, was wir schon unzählige Male gesagt haben: „Der menschliche Körper setzt sich aus zylindrischen Formen zusammen."
In diesem Zusammenhang eine Frage: Wissen Sie noch genau, wie man einen Zylinder perspektivisch zeichnet? Wissen Sie, was geschieht, wenn man ihn von oben oder von unten betrachtet? Sehen Sie sich vorsichtshalber Abbildung 61 gründlich an. Sie zeigt eine Reihe kleiner Zylinder – ähnlich Konservendosen –, die jeweils im selben Abstand übereinanderliegen. Neben dem guten Aufbau jedes Zylinders interessiert uns vor allem, daß die Ober- bzw. Unterseiten um so stärker sichtbar werden, je weiter sich die Formen von der Horizontallinie entfernen. Das heißt: a) von den Zylindern oberhalb der Horizontallinie sehen wir die runde Unterseite, während wir b) von den Zylindern unterhalb dieser Linie die runde Oberseite sehen (Abb. 61).

Abb. 62: Die Grundstruktur des menschlichen Körpers besteht aus Kreisen und Zylindern. Je näher wir einer Gestalt sind, desto mehr verstärkt sich die Perspektive dieser Kreise und Zylinder.

61

62

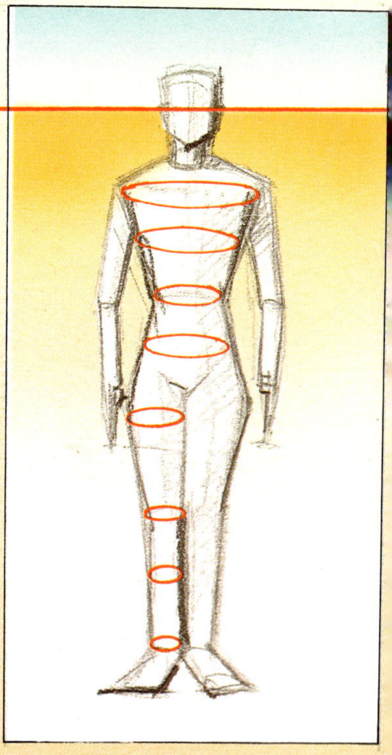

Abb. 61: An dieser Säule aus einzelnen Zylindern ist die perspektivische Wirkung deutlich zu erkennen. Die Ober- bzw. Unterseite ist um so stärker sichtbar, je weiter sich die Formen von der Horizontallinie entfernen.

1. Für ein vollständiges Studium der Gesetze der Perspektive empfehlen wir das Buch *„Richtig zeichnen in der Perspektive"*, das ebenfalls in dieser Reihe erschienen ist.

Nun, für den menschlichen Körper gelten dieselben perspektivischen Gesetze. Der Aufbau des Rumpfes und vor allem der Arme und Beine ähnelt sehr dem Aufbau zylindrischer Formen in der Perspektive. Betrachten Sie Abbildung 62: Legen wir die Horizontallinie in Höhe des Kopfes und stehen wir ganz nahe bei der Gestalt, ergibt sich dieselbe perspektivische Wirkung wie bei den Konservendosen. Das heißt, die runden Flächen sind je nach Entfernung zur Horizontallinie mehr oder weniger perspektivisch verkürzt.

Abbildung 63 zeigt den Einfluß dieses Gesetzes auf den Aufbau des menschlichen Körpers. Dabei kommt, nebenbei gesagt, ein weiterer Faktor hinzu, der hier besonders ins Auge springt: Betrachten wir die Gestalt von einem erhöhten (oder niedrigeren) Standpunkt, ist der gesamte Körper der Perspektive unterworfen. Die Schulterlinie (A) und die Begrenzungslinien der beiden Füße (B) verlaufen zum selben Fluchtpunkt.

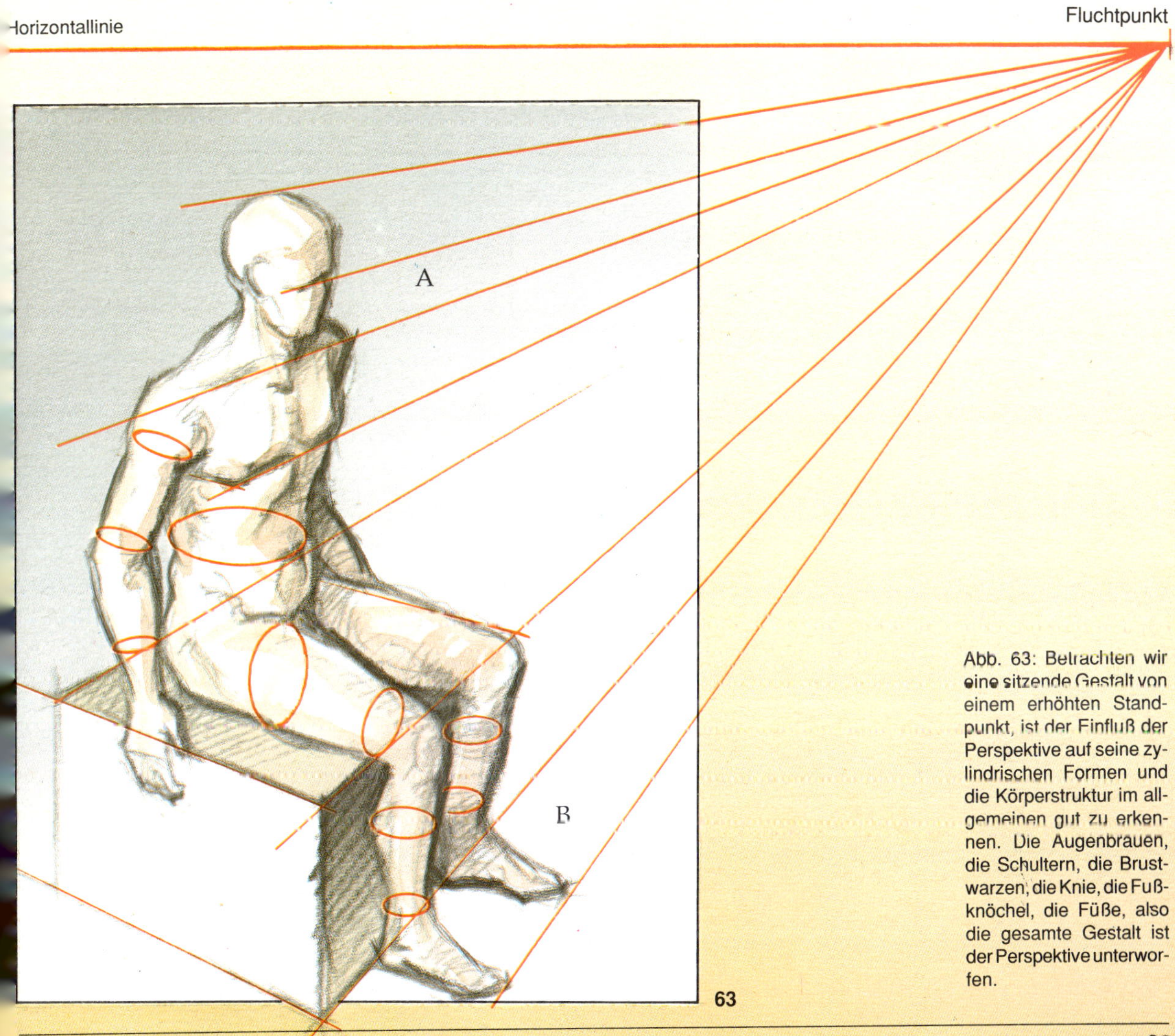

63

Abb. 63: Betrachten wir eine sitzende Gestalt von einem erhöhten Standpunkt, ist der Einfluß der Perspektive auf seine zylindrischen Formen und die Körperstruktur im allgemeinen gut zu erkennen. Die Augenbrauen, die Schultern, die Brustwarzen, die Knie, die Fußknöchel, die Füße, also die gesamte Gestalt ist der Perspektive unterworfen.

Die Perspektive des Kanonblocks

Bisher haben wir von der Perspektive, der Horizontallinie und den Fluchtpunkten als etwas Bekanntes gesprochen. Obwohl Sie wissen, wovon die Rede ist, möchten wir an dieser Stelle die Grundlagen der Perspektive kurz zusammenfassen.

Hauptelemente der Perspektive sind die *Horizontallinie*, die beim Geradeausschauen in Höhe des *Blickpunktes* (BP) liegt, sowie die *Fluchtpunkte* (FP), zu denen die Fluchtlinien senkrecht bzw. schräg zum Horizont verlaufen.

Man unterscheidet grundsätzlich zwei Arten der Perspektive: die *Parallelperspektive* mit einem einzigen Fluchtpunkt und die *Schrägperspektive* mit zwei Fluchtpunkten (Abb. 65 und 66). Der Würfel ist die ideale Grundform, um einen Körper perspektivisch aufzubauen.

Stellen Sie sich vor, eine Gestalt wäre in einen längeren rechteckigen Block eingeschlossen, dessen Proportionen dem Kanon entsprechen, also acht Modulen in der Höhe. Legen Sie diesen Block perspektivisch an, flüchten die Teilungslinien A, B, C etc. selbstverständlich zu einem Fluchtpunkt. Dasselbe gilt für die Unterteilungen a', b', c' etc. (Abb. 64).

Setzen wir eine Gestalt an die Stelle des Blocks, befinden sich die Linien für die Schultern, die Brustwarzen, die Ellbogen, die Hüften etc. bis hinab zu den Füßen ebenfalls in der Perspektive (Abb. 69).

Abb. 65 bis 68: Hier einige Würfel oder rechteckige Prismen in der Schrägperspektive mit zwei Fluchtpunkten.

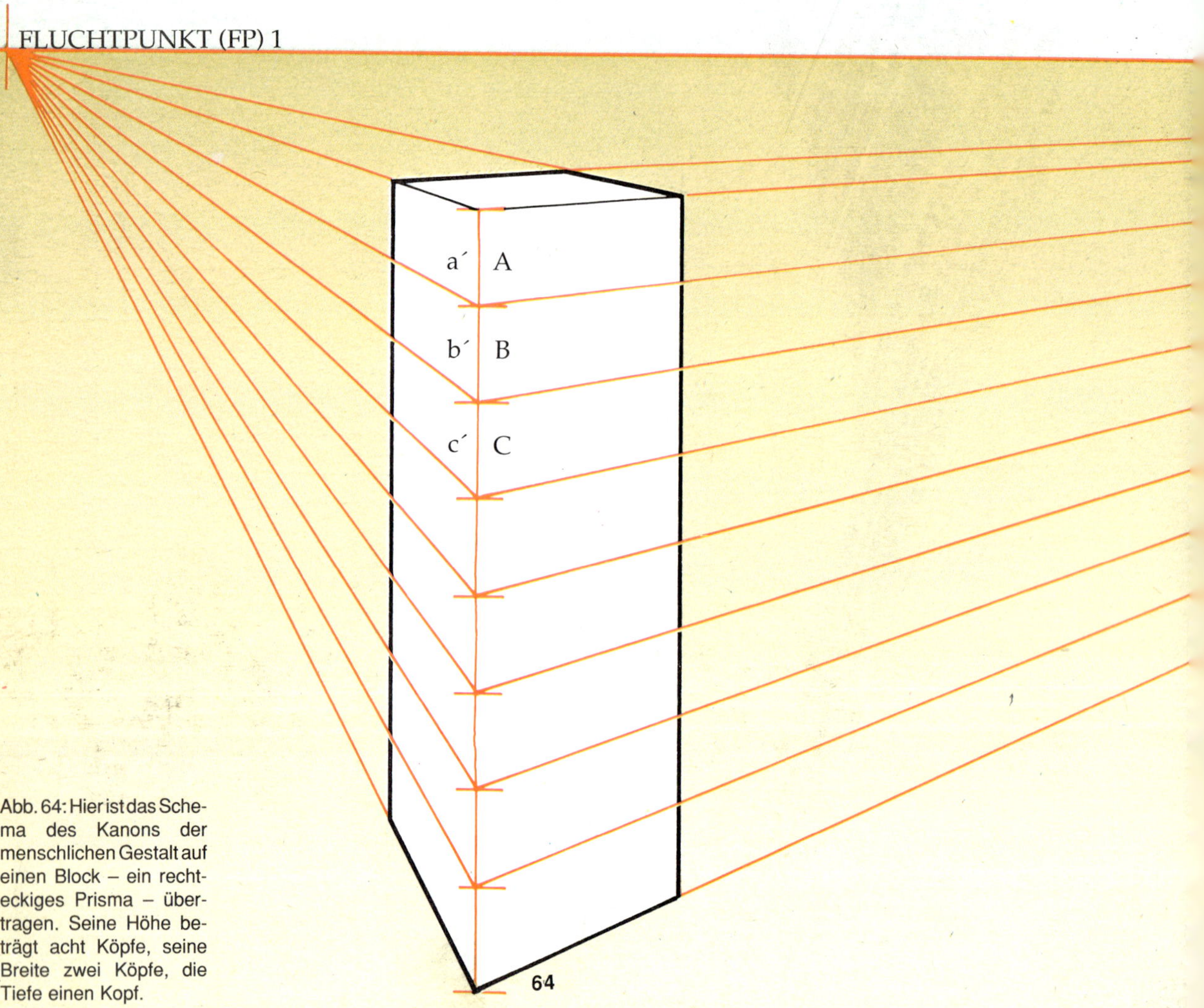

Abb. 64: Hier ist das Schema des Kanons der menschlichen Gestalt auf einen Block – ein rechteckiges Prisma – übertragen. Seine Höhe beträgt acht Köpfe, seine Breite zwei Köpfe, die Tiefe einen Kopf.

65

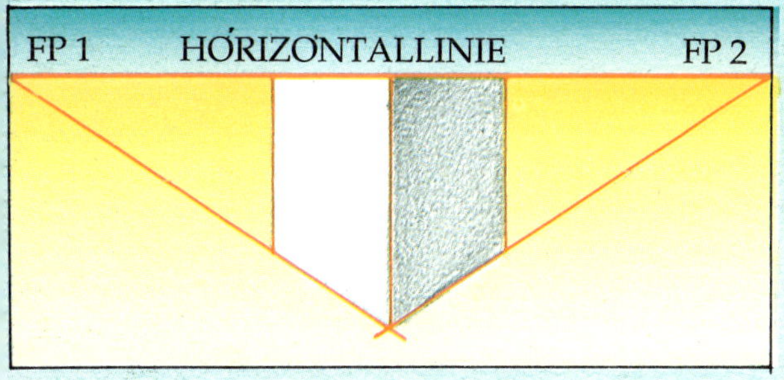

66

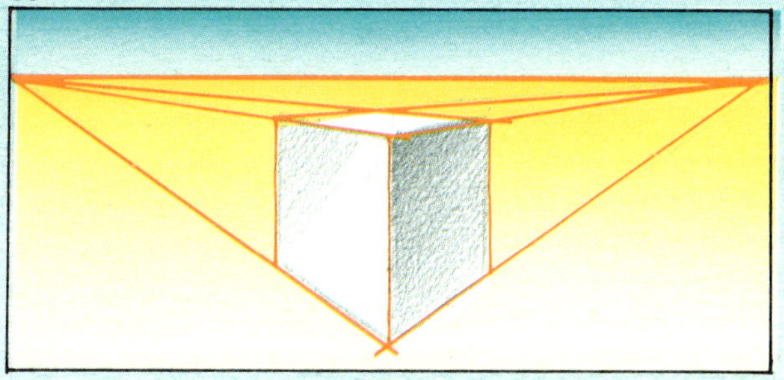

67

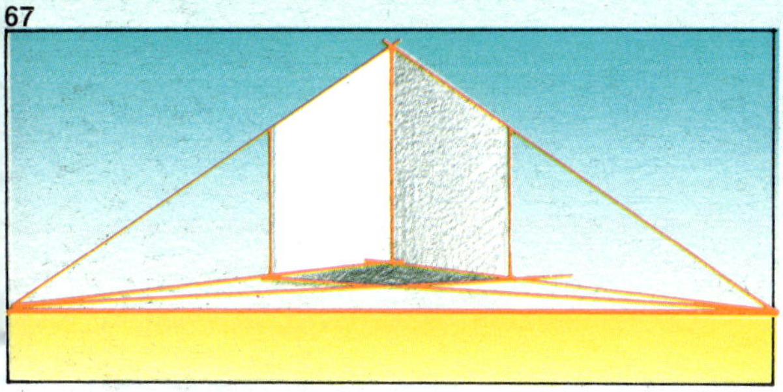

68

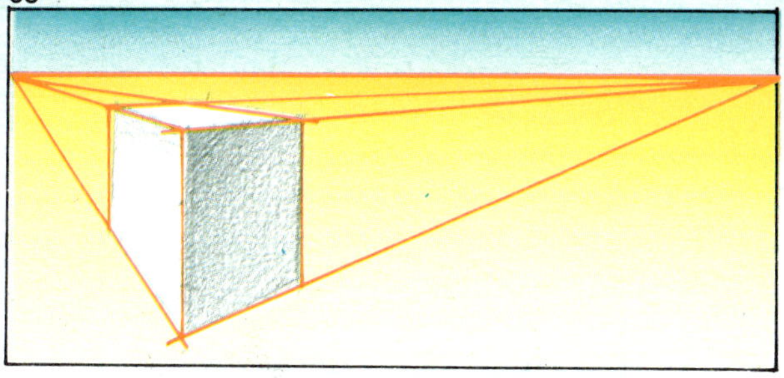

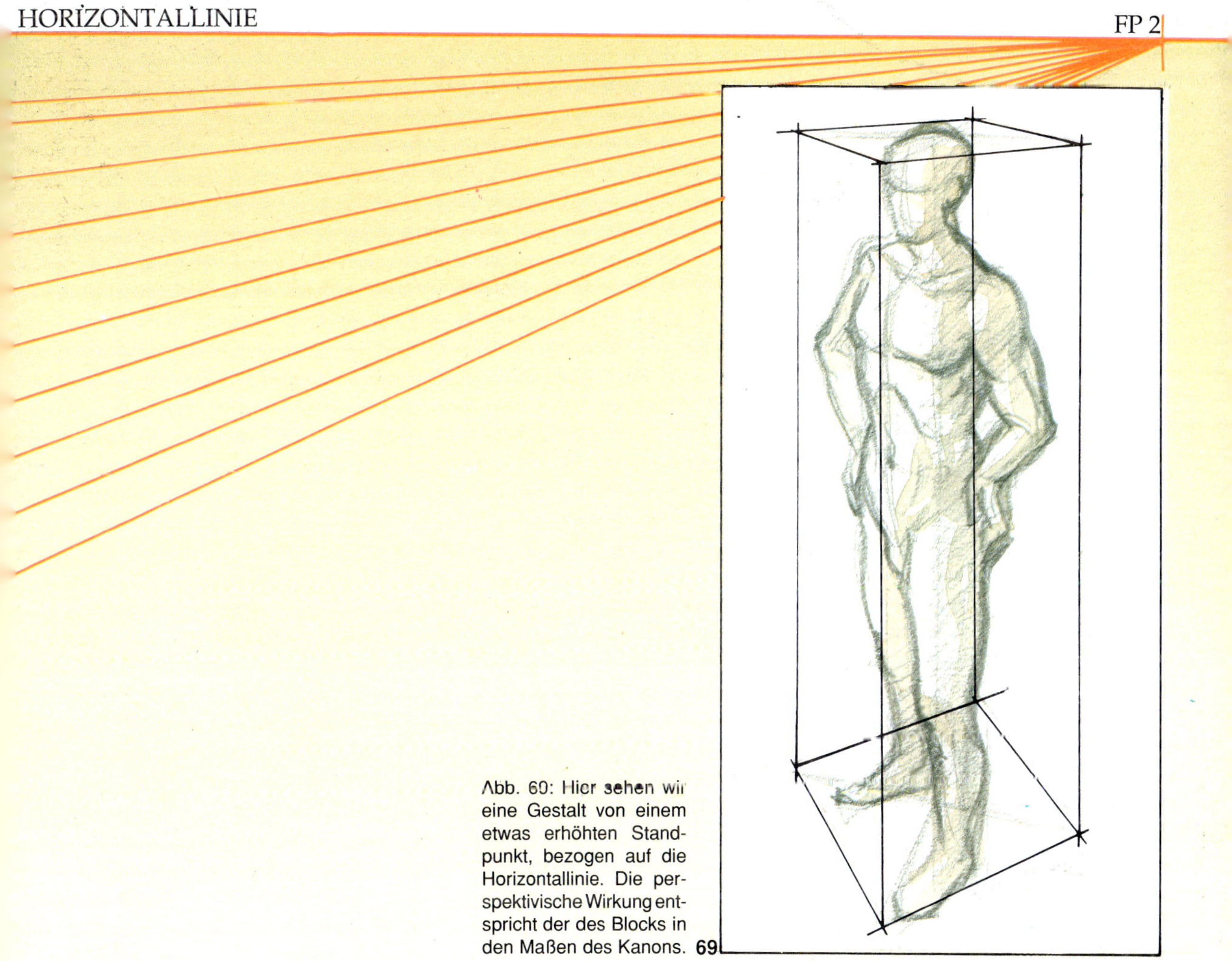

Abb. 69: Hier sehen wir eine Gestalt von einem etwas erhöhten Standpunkt, bezogen auf die Horizontallinie. Die perspektivische Wirkung entspricht der des Blocks in den Maßen des Kanons. 69

Mehrere Gestalten in der Perspektive

Bei zahlreichen Gelegenheiten muß der Künstler mehrere Gestalten innerhalb eines Bildes mit festliegender Horizontallinie unterbringen. Dann stellt sich das Problem der Perspektive, dessen Lösung wie folgt aussieht:

Handelt es sich um eine einzige Gestalt, läßt sich die Perspektive dadurch lösen, daß man den Körper als zylindrische Form betrachtet und mit Hilfe der Teilungslinien des Kanons, die zum Horizont flüchten, anlegt. Was geschieht jedoch, wenn man zwei oder mehr Gestalten auf unterschiedlicher Höhe darstellen muß, die zum Beispiel eine Treppe hinauf- oder hinabsteigen?

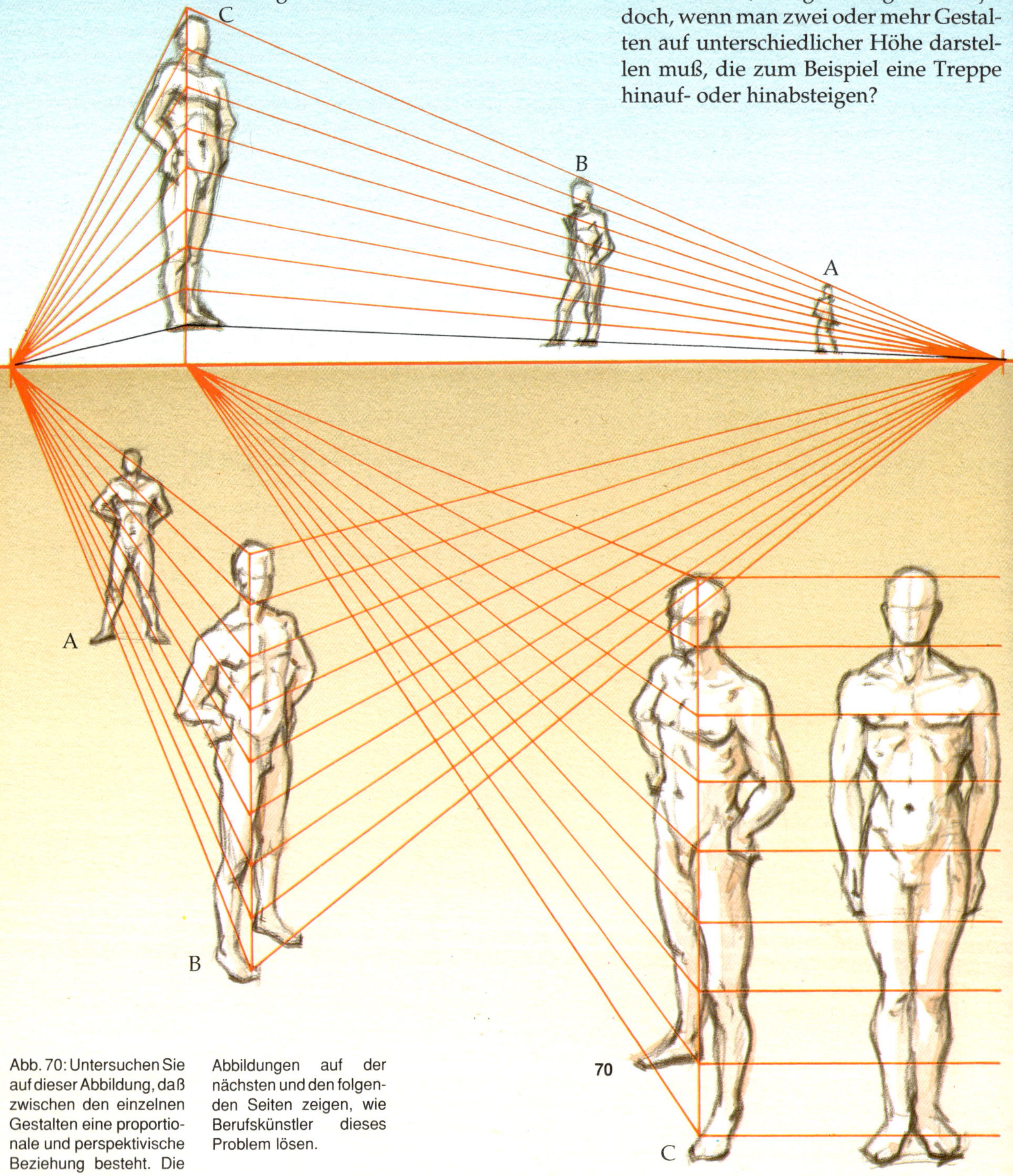

70

Abb. 70: Untersuchen Sie auf dieser Abbildung, daß zwischen den einzelnen Gestalten eine proportionale und perspektivische Beziehung besteht. Die Abbildungen auf der nächsten und den folgenden Seiten zeigen, wie Berufskünstler dieses Problem lösen.

71

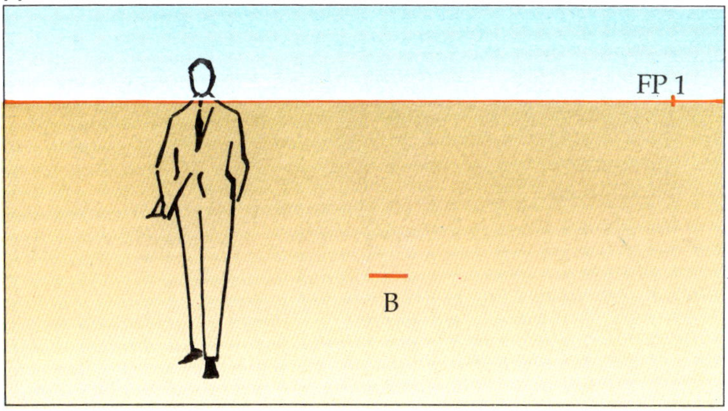

72

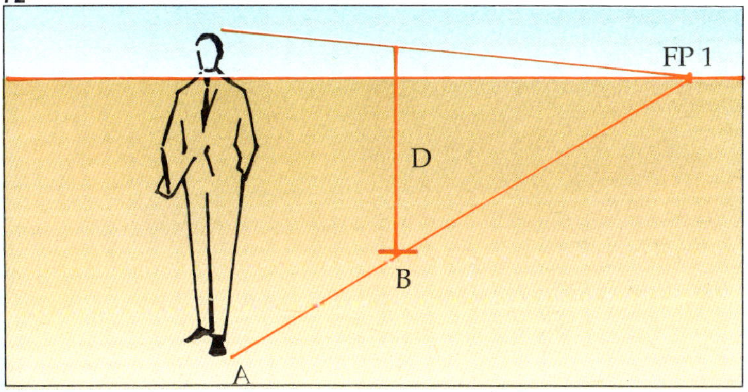

73

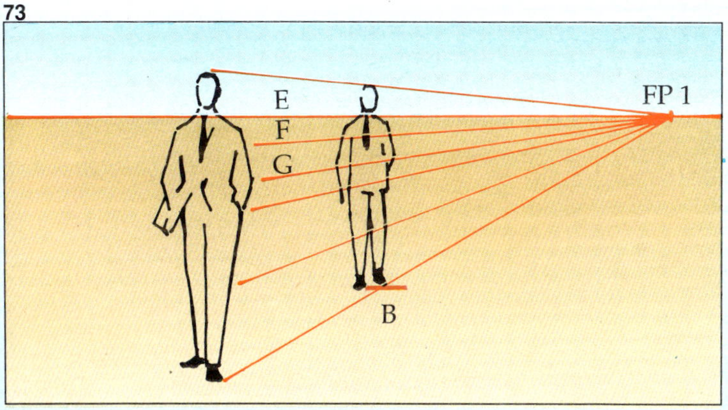

74

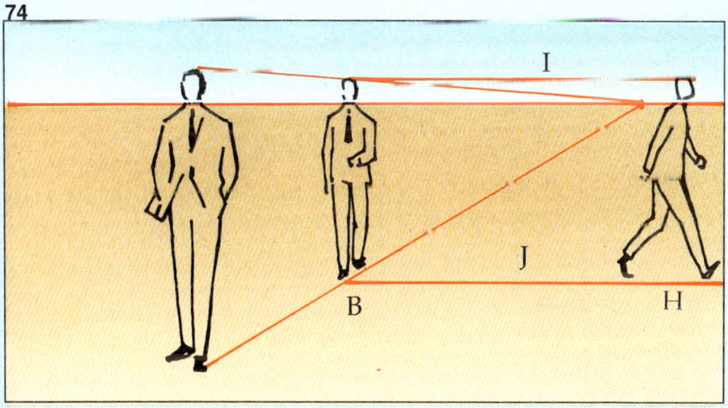

Beachten Sie zunächst folgendes: Befinden sich in einem Bild oder in einer Illustration zwei oder mehr Gestalten, stehen diese in einer proportionalen und perspektivischen Beziehung.
Abbildung 70 liefert dafür den Beweis: Von den Gestalten A, B und C ist C proportional größer als B, und B ist größer als A.
Erlauben Sie mir jedoch, das interessante Problem der Perspektive etwas ausführlicher zu behandeln.

Abb. 71: Lassen Sie uns Schritt für Schritt das Problem feststellen, wie man verschiedene Gestalten in einem Bild so auf unterschiedlicher Höhe anlegt, daß jenes proportionale und perspektivische Verhältnis bestehenbleibt, von dem soeben die Rede war.
Wir zeichnen zunächst die Horizontallinie und legen anschließend nach Augenmaß den Platz für eine der Gestalten fest (A). Anschließend bestimmen wir den Platz für die zweite Gestalt (B).

Abb. 72: Um die Höhe und die Proportionen dieser zweiten Gestalt zu ermitteln, ziehen wir eine Schräge von A durch B zum Fluchtpunkt (FP1) sowie eine weitere vom Kopf der ersten Gestalt nach FP1. Schließlich errichten wir im Punkt B die Senkrechte D.

Abb. 73: Die Senkrechte D liefert uns die Höhe der zweiten Gestalt. Deren Proportionen werden von den Geraden E, F und G bestimmt, die vom Hals, den Brustwarzen, der Taille etc. der ersten Gestalt ausgehen.

Abb. 74: Nehmen wir an, wir müßten eine weitere Gestalt bei H aufnehmen. Da sich H auf derselben Höhe wie B befindet, genügt es, die Waagerechten I und J zu ziehen, um die Höhe und die Proportionen dieser dritten Gestalt zu bestimmen.

Mehrere Gestalten in der Perspektive

Abb. 75: Legen wir eine weitere Gestalt auf Punkt E. Welche Höhe und welche Proportionen muß sie im Vergleich zu den anderen haben? Zeichnen wir zunächst eine Schräge (K) von E zu einem beliebigen Punkt am Horizont (hier FP2).

75
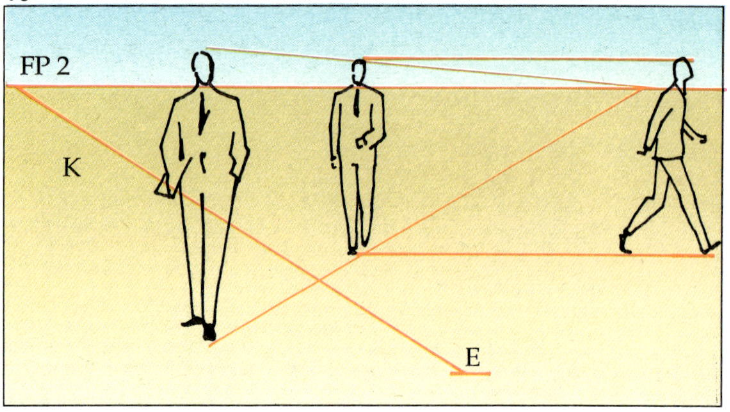

Abb. 76: Mit Hilfe der vorigen Linie K haben wir den Punkt L ermittelt. Errichten wir die Senkrechte M im Punkt L, erhalten wir einen neuen Punkt N (beide Punkte liegen auf der Schrägen für die erste Gestalt – siehe Abbildung 75).

76
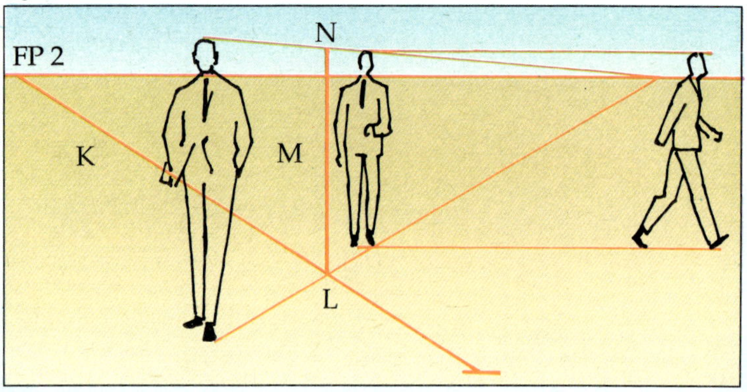

Abb. 77: Verbinden wir nun den FP2 mit N und verlängern die Gerade bis O, erhalten wir die gesuchte Höhe P. Um die Proportionen dieser letzten Gestalt zu ermitteln, genügt es, die der Gestalt A darauf zu übertragen.

77
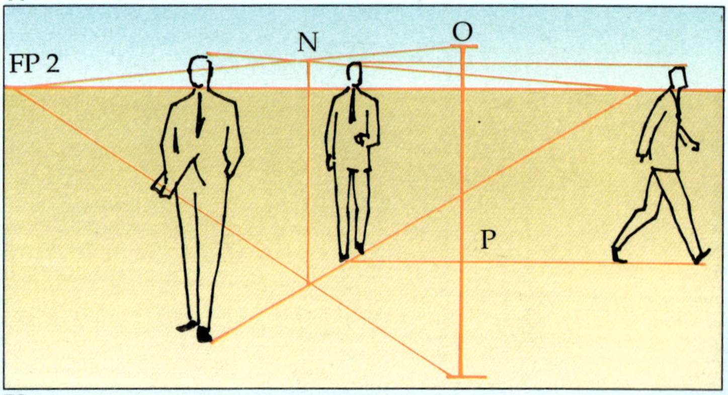

Abb. 78 bis 80: Das Problem ist gelöst. Untersuchen wir jetzt dieselben perspektivischen Regeln anhand der Abbildungen 79 und 80, bei denen sich der Horizont einmal oberhalb und einmal unterhalb der Gestalten befindet.

78
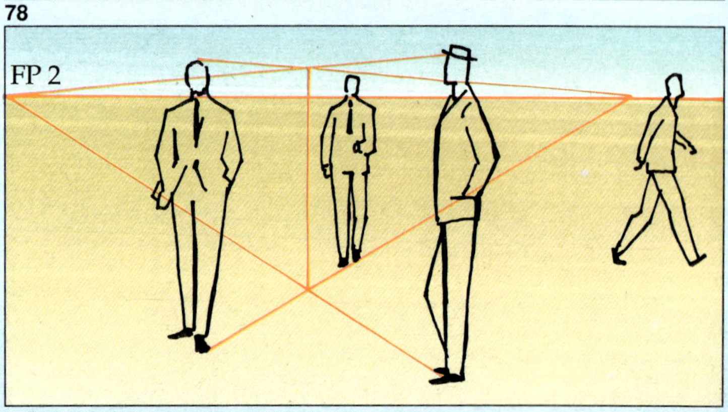

79

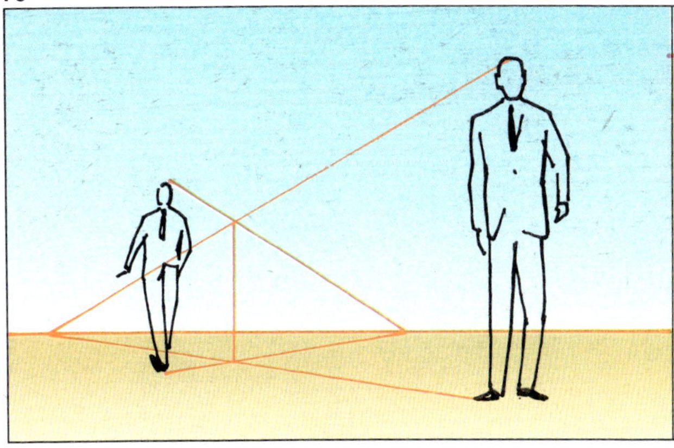

80

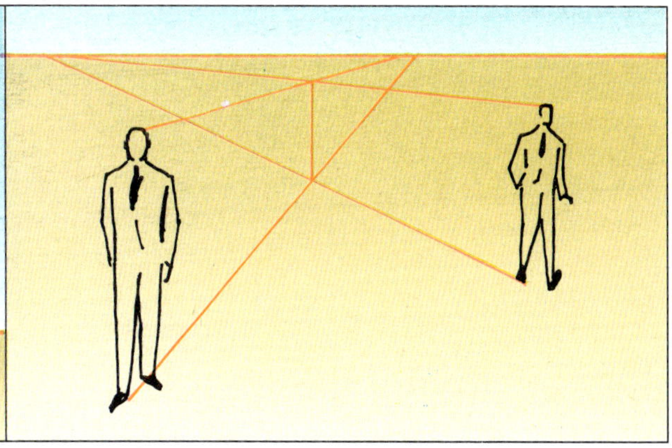

81

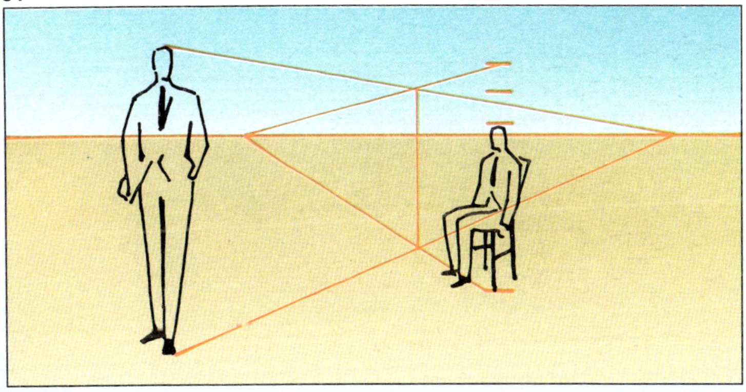

Abb. 81: Will man eine Frau zeichnen, die kleiner ist als der Mann, ein Kind oder eine sitzende Gestalt, braucht man deren normale Größe nur in acht gleiche Abschnitte zu unterteilen und davon für die sitzende Gestalt sechs, für die Frau sieben und die dem Lebensalter entsprechende Anzahl für das Kind zu verwenden.

82

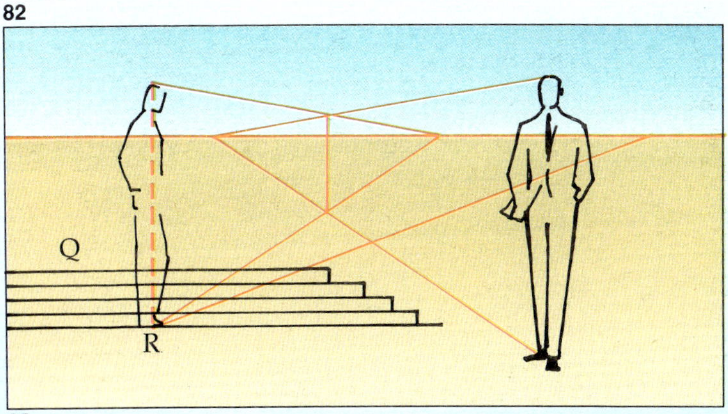

Abb. 82: Befindet sich die Gestalt auf einer erhöhten Ebene (Q), stellen wir sie zunächst auf dieselbe Ebene wie die anderen (R) und übertragen ihre Perspektive mit der zuvor erklärten Methode.

83

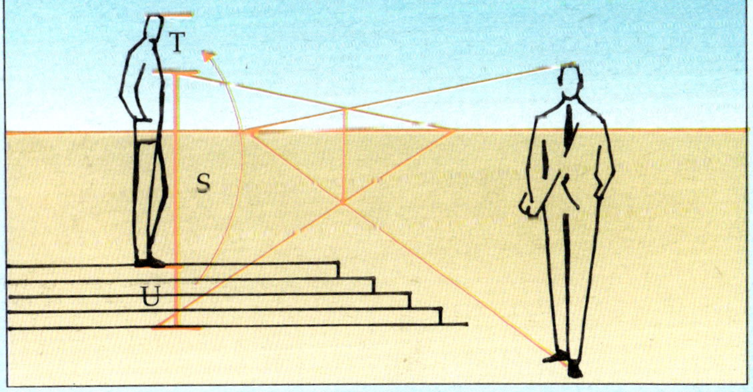

Abb. 83: Dadurch erhalten wir die Senkrechte S. Fügen wir anschließend den Abstand U an den Punkt T, erhalten wir die Größe der Gestalt auf der höheren Ebene. Man muß sie also zunächst „vom Podest stoßen", um ihre Größe zu ermitteln, und anschließend perspektivisch „zurückprojizieren".

Ohne Anatomie geht es nicht

Sie und ich könnten einen menschlichen Körper ohne anatomische Kenntnisse darstellen, indem wir das Modell genau betrachten und die Natur kopieren. Die Künstler der Renaissance: Michelangelo oder Leonardo da Vinci – und so berühmte Maler wie Raffael, Tizian und Veronese hielten eine gründliche Kenntnis der künstlerischen Anatomie jedoch für absolut notwendig. Ingres erklärte in diesem Zusammenhang: „Um die Oberfläche eines menschlichen Körpers darzustellen, muß man zunächst dessen Knochengerüst und Muskelstruktur kennen." Als Beweis für die Bedeutung, die die großen Meister der Zeichnung und der Malerei der künstlerischen Anatomie beimaßen, sehen Sie auf dieser Seite etliche Studien über den Aufbau der menschlichen Gestalt, bei der der Anatomie eine überragende Bedeutung zukommt.

84

85

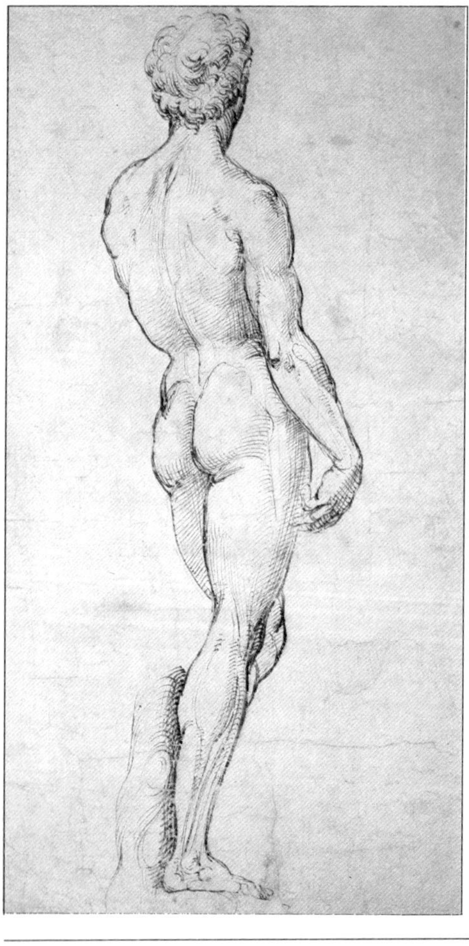

86

Abb. 84 und 85: Michelangelo (1475–1564): „Zwei männliche Torsos, von hinten gesehen", Akademiemuseum, Venedig, und Raffael: „Männlicher Akt", British Museum, London. Mitte des 16. Jahrhunderts war das Sezieren von Leichen zum Studium der Anatomie in Italien verboten. Michelangelo wurde als gemeiner Leichenschänder beschuldigt, weil er den Körper eines Mitglieds der angesehenen florentinischen Familie Corsini geöffnet hatte, um seine Kenntnisse für die Kunst zu verbessern.

87

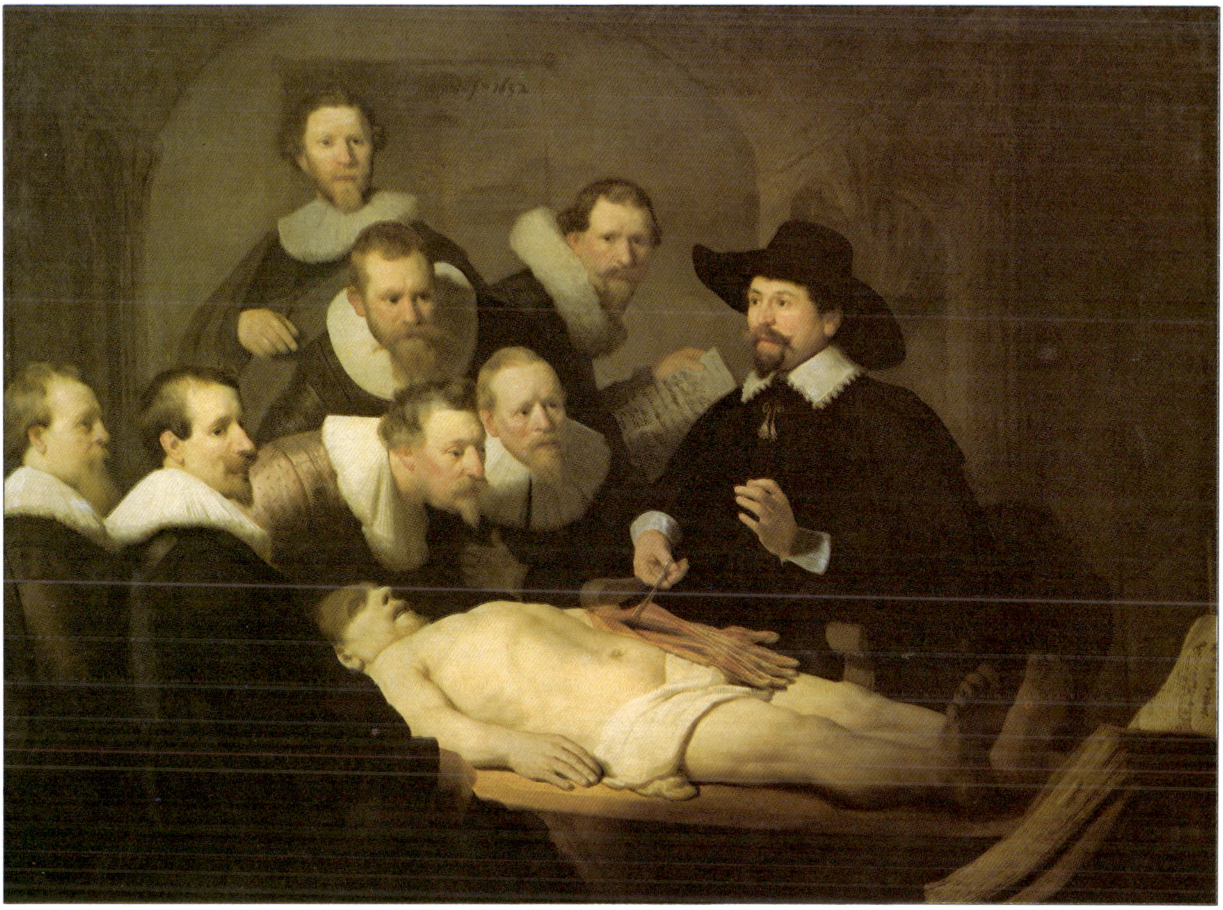

Abb. 87: Rembrandt van Rijn (1606–1669) „Die Anatomiestunde des Doktor Tulp", Mauritshuis, Den Haag.

Abb. 86 (gegenüber): Peter Paul Rubens (1577–1640) „Knieender männlicher Akt", Boymans-van-Beunigen-Museum, Rotterdam. Rubens war einer der größten Maler von Gestalten und zeichnete daher Hunderte von Studien über die Anatomie des menschlichen Körpers.

Rembrandt malte dieses berühmte Bild im Alter von 25 Jahren. Das Sezieren von Leichen war kein Verbrechen, sondern ein Ereignis. Dr. Tulp, der erste Anatom des Kreises der Amsterdamer Chirurgen, gab im Januar 1632 eine öffentliche Lektion in Physiologie anhand der Leiche eines Hingerichteten. Der Verband der Chirurgen wollte diese Tatsache festhalten und bestellte daher ein Bild bei dem jungen Rembrandt. Das Werk bildete die Grundlage für Rembrandts Ruhm und Wohlstand, der anschließend zahlreiche weitere Aufträge für ähnliche Werke, Gruppenbilder und Porträts erhielt.

Rembrandts Werk „Die Anatomiestunde des Doktor Tulp" entstand im Jahre 1631. Ein Jahr zuvor hatte Rubens Hélène Fourment geheiratet, die zum Modell und zur Muse seiner Werke mit mythologischen Themen wurde, in denen Rubens weiterhin seine anatomischen Kenntnisse unter Beweis stellte. Die Zeiten hatten sich geändert. Im italienischen Bologna hatten die Brüder Agostino und Annibale Carracci und ihr Vetter Ludovico Carraci eine Akademie gegründet, in der der Künstler und Professor Dr. Lanzoni Anatomiestunden gab.

Allgemeine Grundsätze der muskulären Anatomie

1. Die Muskeln sind aktive Bewegungsorgane des menschlichen Körpers. Sie können sich zusammenziehen und wieder entspannen, als bestünden sie aus Gummi.
2. Man unterscheidet zwei Arten von Muskeln:
   a) Glatte Muskeln, die sich langsam und unwillkürlich zusammenziehen. Dazu gehören zum Beispiel jene, die während der Verdauung auf die Eingeweide einwirken.
   b) Quergestreifte Muskeln, die sich rasch und willkürlich zusammenziehen lassen. Mit ihnen heben wir den Arm, öffnen den Mund etc. Diese wollen wir vom künstlerischen Standpunkt untersuchen.
3. Muskeln bestehen aus Fasersträngen und enden in einer oder mehreren Sehnen, mit denen sie am Knochen befestigt sind.
4. Die Form der Muskeln variiert je nach Funktion und Bewegung. Man teilt sie ein in:
   a) Schließmuskeln. Sie sind ringförmig und schließen Ausgänge.
   b) Ringmuskeln in Knopflochform wie jene, die die Augen und den Mund schließen.
   c) Flächenmuskeln wie die Stirn.
   d) Fächerförmige Muskeln wie die Schläfenmuskeln, die die Bewegung des Kiefers ermöglichen.
   e) Spindelförmige Muskeln. Sie sind im menschlichen Körper am häufigsten vorhanden und von der Form her am sichtbarsten: dick in der Mitte und abgeflacht an den Enden wie der Bizeps, mit dem man den Arm beugt und streckt.
5. Die meisten Bewegungen des Knochenskeletts gehorchen dem physikalischen Hebelgesetz. Dieses Gesetz beruht bekanntlich auf einem Druckpunkt, auf den zwei entgegengesetzte Kräfte einwirken: Kraft und Widerstand.

Als Beispiel für dieses Hebelgesetz sehen Sie auf Abbildung 88 und 89 die Bewegung des Arms.

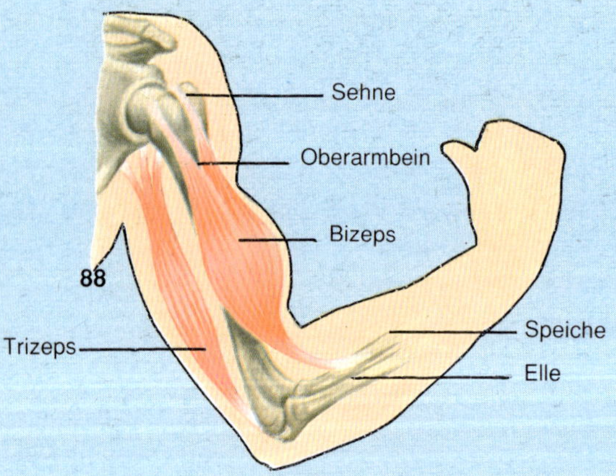

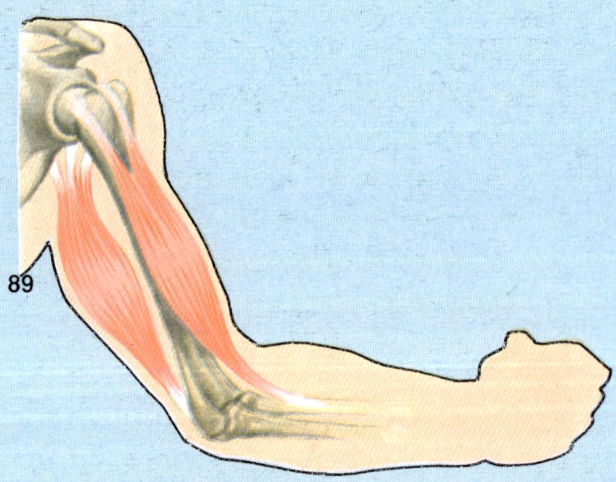

Abb. 88 und 89: Spindelförmige Muskeln, die in der Mitte am dicksten sind, z.B. der Bizeps und der Trizeps des Armes, sind im menschlichen Körper am häufigsten. Sie agieren entsprechend dem Hebelgesetz, das heißt, Kraft und Widerstand wirken auf einen Druckpunkt ein. Abbildung 88 zeigt, wie der Bizeps sich zusammenzieht und die Speiche in die Höhe geht, während der Trizeps sich entspannt. Auf der folgenden Abbildung 89 ist es umgekehrt: Der Trizeps zieht sich zusammen und nimmt die Elle mit, während der Bizeps sich entspannt.

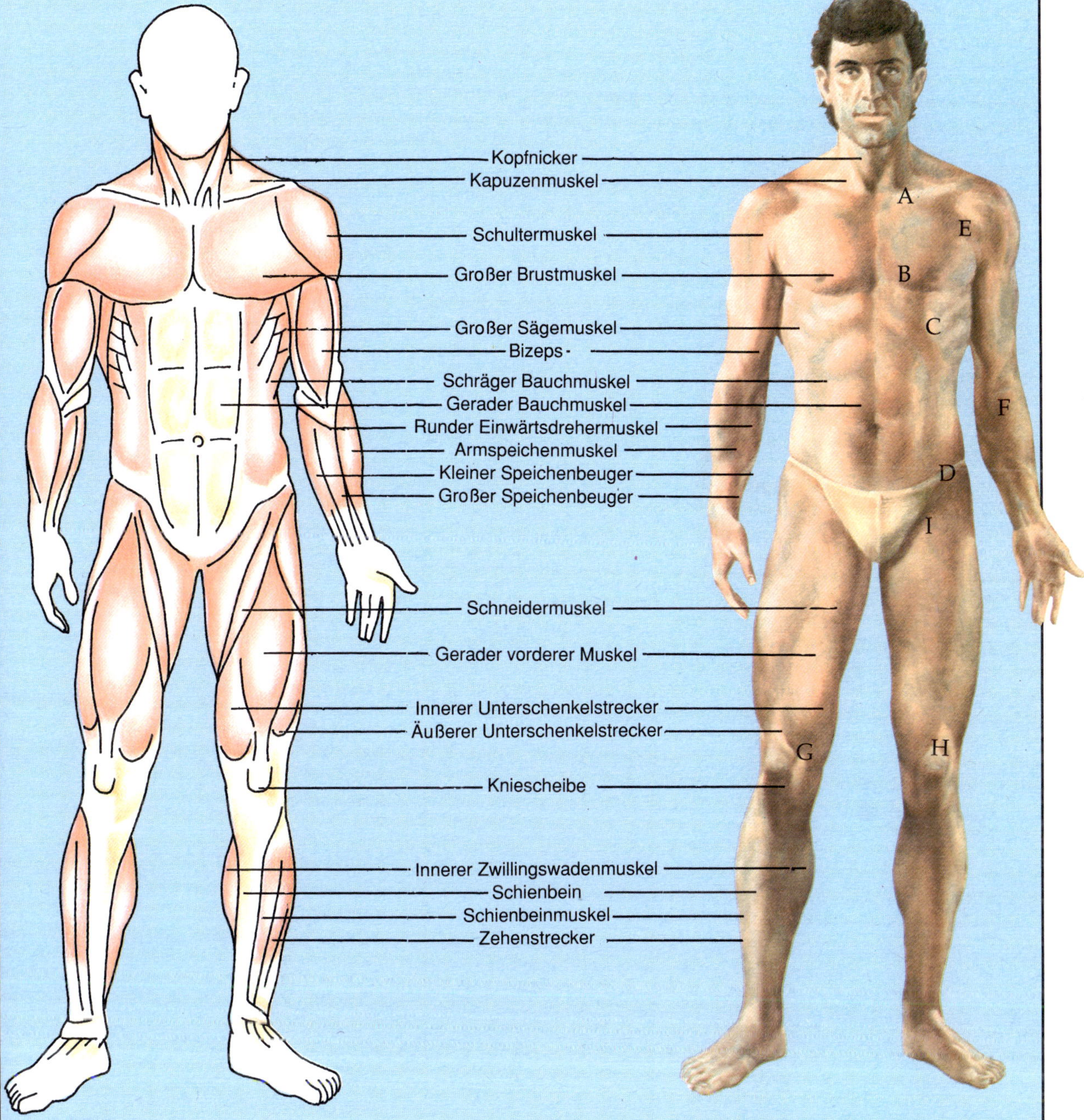

90

91

Abb. 90 und 91: Betrachtet man den menschlichen Körper von vorn, erkennt man verschiedene Muskeln, die auf der linken Abbildung schematisch dargestellt sind. Ich rate Ihnen, diese Muskeln nicht nur zu betrachten und ihre Namen zu lesen, sondern dabei gleichzeitig das Schema von Abbildung 90 zu zeichnen. Dies ist der beste Schritt, um die künstlerische Anatomie des menschlichen Körpers zu erlernen.

Die wichtigsten Muskeln des Menschen von vorn

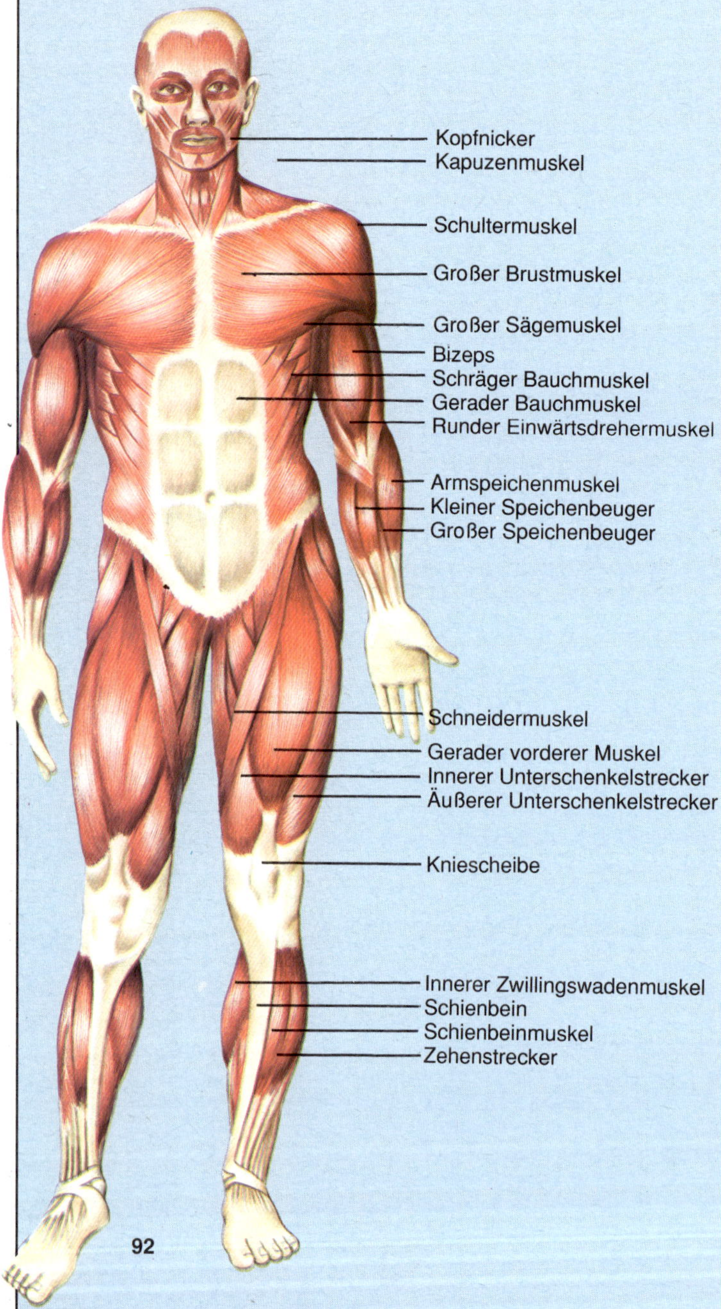

Abb. 92: Hier ein detailliertes grafisches Schema der Muskulatur des von vorn gesehenen Menschen. Lesen Sie die Beschreibung der einzelnen Muskeln auf dieser Seite aufmerksam durch, und konsultieren Sie dabei diese und Abbildung 91 auf der vorigen Seite.

Ziehen Sie bei den folgenden Erklärungen bitte die Abbildungen 90 und 91 von Seite 49 und Abb. 92 von Seite 50 zu Rate.

Kopfnicker: Wir finden diesen V-förmigen Muskel am Hals, wo er eine kleine dreieckige Vertiefung mit den beiden unteren Muskelsträngen bildet.
Großer Brustmuskel: Er bedeckt den Oberkörper, wo seine Fasern in eine kurze kräftige Sehne übergehen, die unter dem Schultermuskel hindurchläuft und sich am Unterarm festmacht.
Großer Sägemuskel: Er ist bei muskulösen Menschen zu beiden Seiten des Brustkorbs sichtbar.
Gerader Bauchmuskel: Er besteht aus drei oder vier rechteckigen Paaren, die in der Mitte des Magens und des Bauchs liegen.
Schultermuskel: Er bedeckt die Schulter wie eine Kapuze.
Bizeps: Zu erkennen auf der Vorderseite des Arms, wenn dieser gespannt ist.
Armspeichenmuskel: Er tritt vor allem beim Beugen des Arms in Aktion.
Großer und kleiner Speichenbeuger: Sie werden vor allem sichtbar, wenn man die Hand zum Unterarm beugt.
Innerer und äußerer Unterschenkelstrecker: Diese beiden Muskeln bestimmen die Form des von vorn betrachteten Oberschenkels.
Schneidermuskel: Langer, bänderförmiger Muskel, der den Oberschenkel diagonal kreuzt.
Innerer Zwillingswadenmuskel: wird bei der von hinten gesehenen Gestalt untersucht.
Schienbein: Dies ist natürlich kein Muskel, sondern ein Knochen. Wir erwähnen ihn hier ebenso wie die Kniescheibe, weil er von außen stark sichtbar ist.
Vorderer Schienbeinmuskel: Verläuft neben dem Schienbein an der Außenseite des Beins.

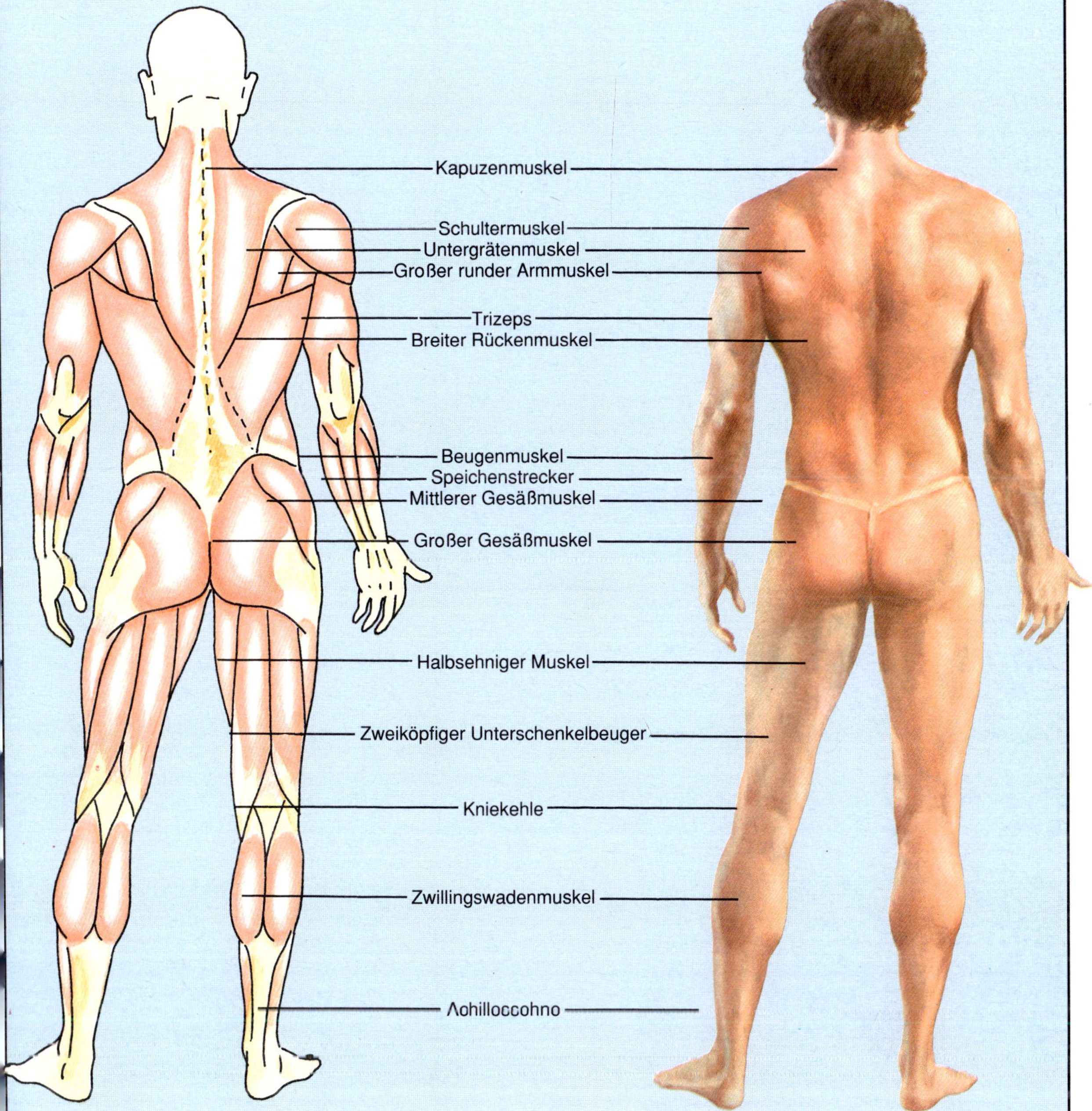

93

94

Abb. 93 und 94: Betrachten Sie wie zuvor zunächst die Formen und die Lage der Muskeln, und prägen Sie sich deren Struktur, Form und Funktion ein. Zeichnen Sie das Schema von Abbildung 93, und beobachten Sie gleichzeitig auf Abbildung 94, welchen Einfluß die Muskeln auf die äußere Form des Körpers haben.

Die wichtigsten Muskeln des Menschen von hinten

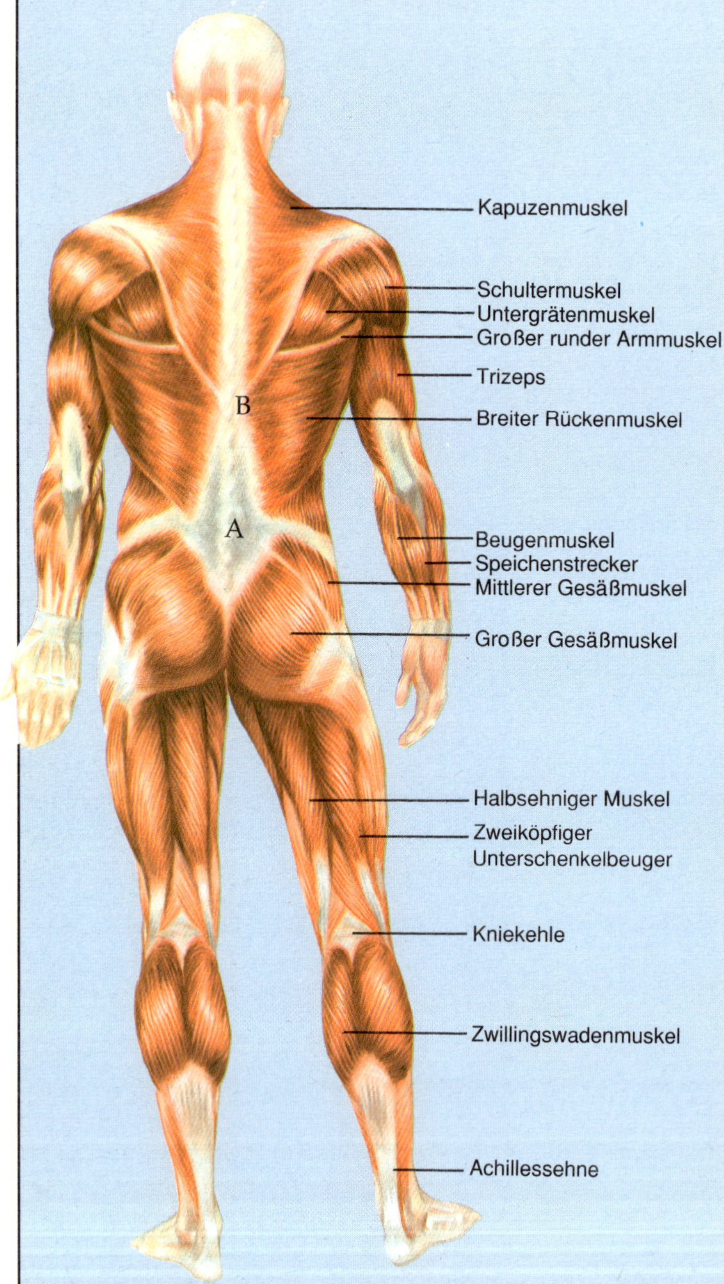

95

Abb. 95: Hier die Anatomie der Muskeln des Menschen von hinten. Studieren Sie die ausführliche grafische und schriftliche Beschreibung dieser Muskeln, denn Sie werden Sie für Ihre künftigen Studien im Figurenzeichnen und -malen benötigen.

Verfolgen Sie die nachstehenden Erklärungen anhand von Abbildung 94, Seite 51, und Abbildung 95.

Kapuzen- oder Trapezmuskel: Er besitzt die Form eines unregelmäßigen Vierecks und bedeckt den oberen Teil des Rückens und den hinteren Teil des Nackens und der Schultern. Tritt der gesamte Muskel in Aktion, schieben sich die Schulterblätter zur Mitte, und die oberen und seitlichen Muskelränder zeichnen sich deutlich ab.

Untergrätenmuskel und großer runder Armmuskel: Beide bilden Dreiecke über und zu beiden Seiten der Schulterblätter. Der Untergrätenmuskel ist besonders gut sichtbar, verhindert allerdings in seltenen Fällen, daß sich die Schulterblätter nach außen abzeichnen (Abbildung 94, Punkt A).

Breiter Rückenmuskel: Beachten Sie auf Abbildung 95 die Form und Lage der Aponeurose (Sehnenhautblatt). Bei ihr handelt es sich um eine flache Sehne. Der breite Rückenmuskel ist nahe der Aponeurose flach und verdickt sich zu den Seiten. Dadurch entsteht der bekannte längliche Vorsprung im Rücken (Abb. 94, Punkt B). Beugt sich der Körper zurück, zieht sich der breite Rückenmuskel zusammen, und die Linie der Aponeurose verstärkt sich und wird sichtbar (Abb. 94, Punkt B).

Großer Gesäßmuskel: Dies ist der umfangreichste Gesäßmuskel. Beim stehenden Körper ist er völlig oder teilweise entspannt. Beugt man den Körper zurück und ziehen sich die Muskeln kräftig zusammen, ändert das Gesäß seine Form und verschmälert sich seitlich (Abb. 94, Punkt C).

Halbsehniger Muskel und zweiköpfiger Unterschenkelbeuger: Beide Muskeln bilden die Rückseite des Schenkels. Beim gebeugten Bein zeichnen sich vor allem die beiden Sehnen stark ab, die zu

Die wichtigsten Muskeln des Körpers im Profil

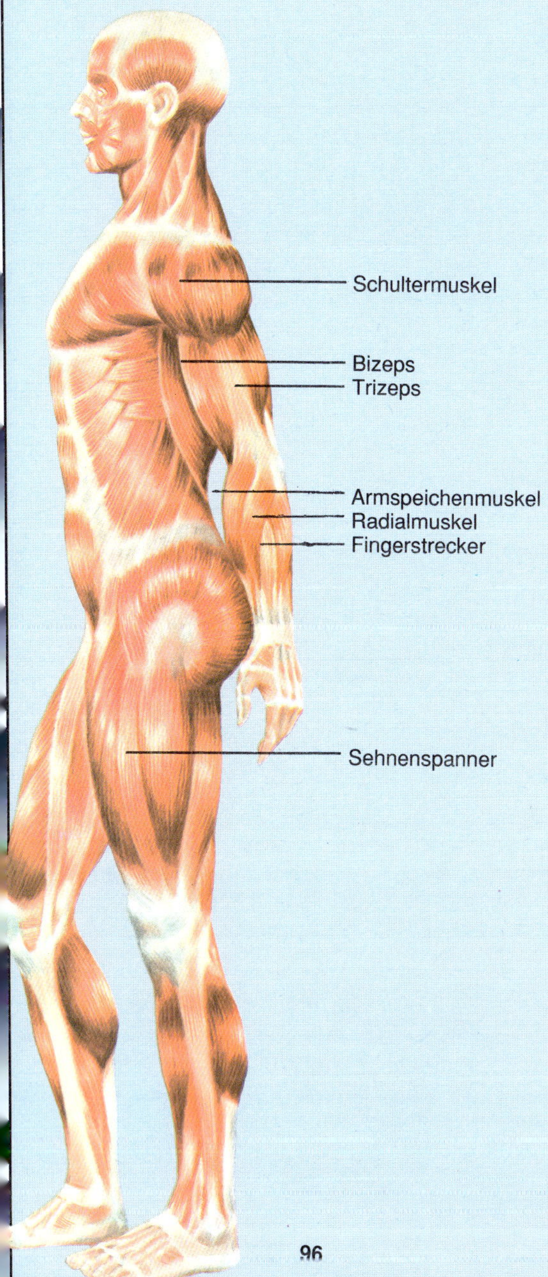

Abb. 96: Die meisten Muskeln dieser Gestalt im Profil wurden bereits bei den vorigen Abbildungen ausführlich beschrieben (Gestalten von vorn und von hinten). Interessant sind jedoch die Form und das Relief beispielsweise von Brustmuskel, Schneidermuskel, Schultermuskel, Bizeps, Gesäßmuskel etc.

beiden Seiten des Knies befestigt sind. Die Fläche zwischen den beiden Sehnen und der Verbindungsstelle mit dem Zwillingswadenmuskel bildet, von hinten gesehen, eine sechseckige Höhlung, die Kniekehle (Abb. 94, Punkt D).

Zwillingswadenmuskeln: Diese Muskeln bilden die Wade. Sie beginnen einzeln in der Kniekehle, vereinen sich anschließend und enden in der Achillessehne, der stärksten und dicksten Sehne des Körpers. Ihre runde, voluminöse Form ist charakteristisch für die Wade, die sich nach unten, wo sie in die Achillessehne übergeht, verschmälert (Abb. 94, Punkt E).

Neben den Muskeln, die bereits bei den vorigen Abbildungen erwähnt wurden und die Sie hier noch einmal im Profil untersuchen sollten, seien hier noch erwähnt:

Radialmuskel: Er befindet sich im Unterarm neben dem Auswärtsdreher. Er bewegt die Hand und beugt sich nach hinten (Streckung der Hand). Seine Konturen verschmelzen mit denen des Auswärtsdrehers, so daß sie wie ein einziger Muskel wirken. Trotzdem zeichnet sich der Radialmuskel beim kräftigen Arm ab, wenn man ein Gewicht hebt und die Hand gleichzeitig beugt.

Sehnenspanner: Er sitzt an der Außenseite des Schenkels und ist oben am Hüftbein und unten am Schienbeinkopf befestigt. Er wirkt auf die Oberschenkelsehnenhaut ein und ist beim Heben und Senken des Beins beteiligt. Außerdem hilft er, das Gleichgewicht zu halten, wenn der Körper auf einem Bein steht. Vor allem beim gebeugten Schenkel zeichnet er sich ab.

Zehenstrecker: Er ist an der Außenseite des Fußes zu erkennen. Im unteren Teil endet er in einer normalerweise sichtbaren Reihe von Sehnen, die mit den Zehen verbunden sind.

Eine Gestalt aus dem Gedächtnis

Sie zu zeichnen, ist unser Ziel. Nachdem Sie eine gut umrissene schematische Skizze Ihrer Gliederpuppe als Modell mit den korrekten Proportionen angefertigt haben, fragen Sie sich bitte, wo die unterschiedlichen Muskeln liegen müssen, welche Form die Brust- und Schultermuskeln, der Bizeps etc. bei dieser Körperhaltung besitzen. Bestimmen Sie die Symmetrieachse des Körpers, skizzieren Sie die Umrisse in der Perspektive und zeichnen Sie die Muskeln. Das setzt natürlich eine ziemlich gründliche Kenntnis der Anatomie voraus, die man nur durch Studium und häufiges Zeichnen erwerben kann. Üben Sie daher unablässig. (Die Abbildungen auf dieser Doppelseite zeigen, wie ich es gemacht habe.) Ich rate Ihnen, diese letzte Übung mit Gestalten von vorn zu beginnen und anschließend mit Gestalten in der Dreiviertelansicht und von hinten fortzufahren. Lassen Sie die Gliederpuppe anschließend laufen, und zeichnen Sie sie wiederum von vorn, in der Dreiviertelansicht, von hinten etc.

97

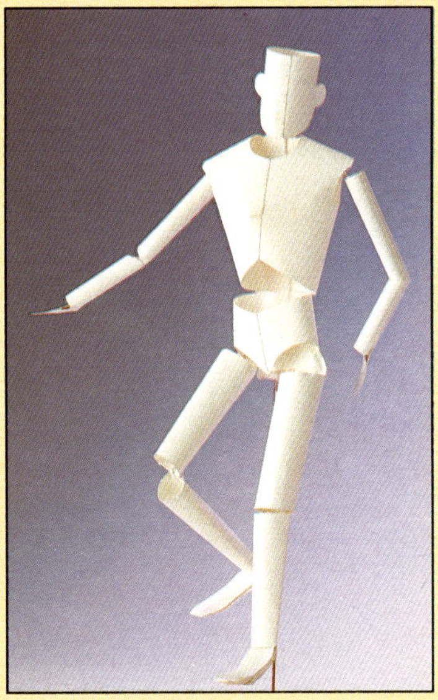

98

Abb. 97 bis 99: Bestimmen und untersuchen Sie eine Pose der Papierpuppe (Abb. 97), und zeichnen Sie davon zwei rasche Skizzen, um deren Nützlichkeit und Qualität zu überprüfen (Abb. 98 und 99).

99

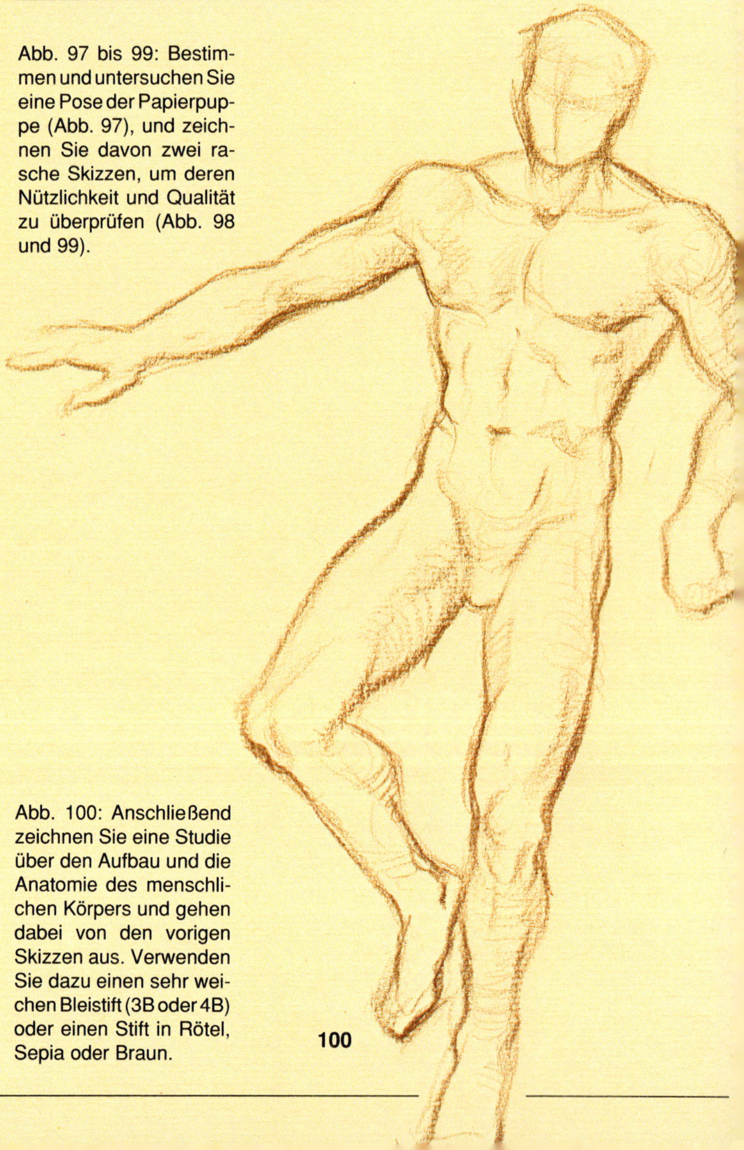

100

Abb. 100: Anschließend zeichnen Sie eine Studie über den Aufbau und die Anatomie des menschlichen Körpers und gehen dabei von den vorigen Skizzen aus. Verwenden Sie dazu einen sehr weichen Bleistift (3B oder 4B) oder einen Stift in Rötel, Sepia oder Braun.

101

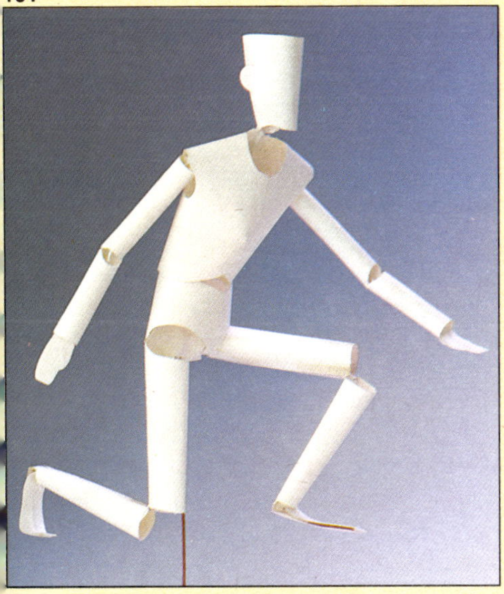

102

103

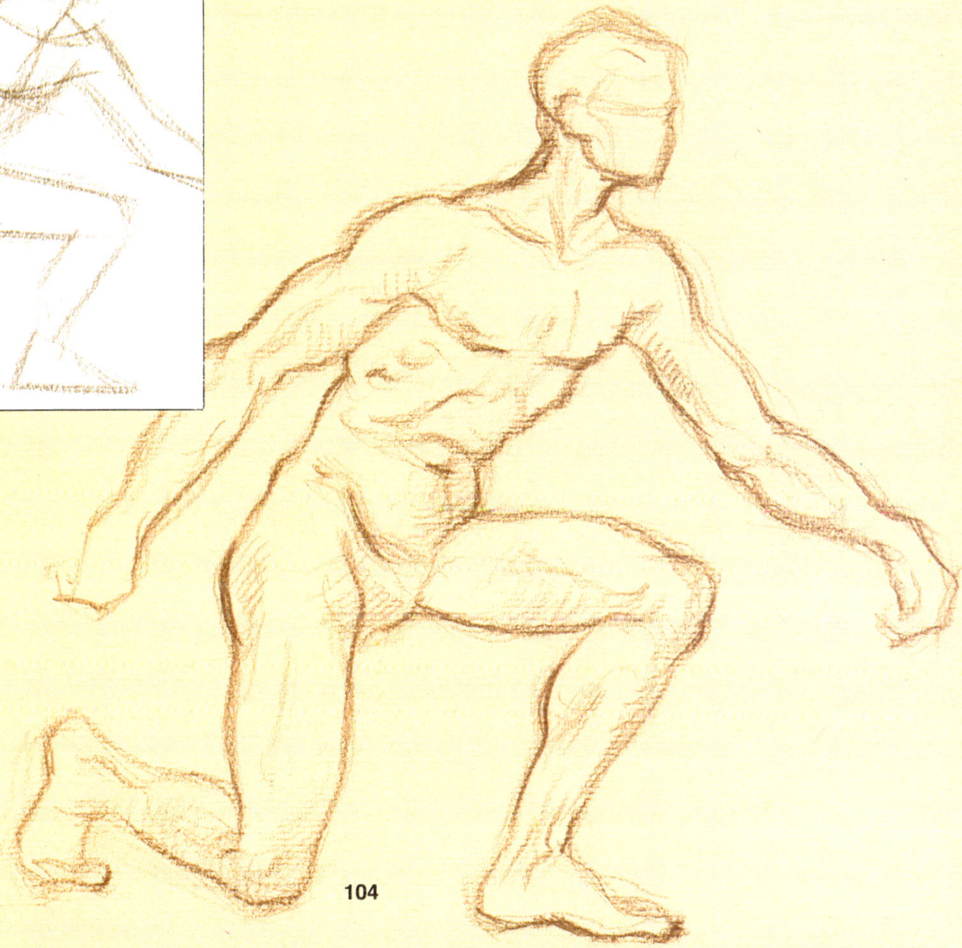

104

Abb. 101 bis 104: Wiederholen Sie das vorige Verfahren mit einer anderen, komplizierteren, schwierigeren Pose des „Modells“.

Eine Gestalt aus dem Gedächtnis

105

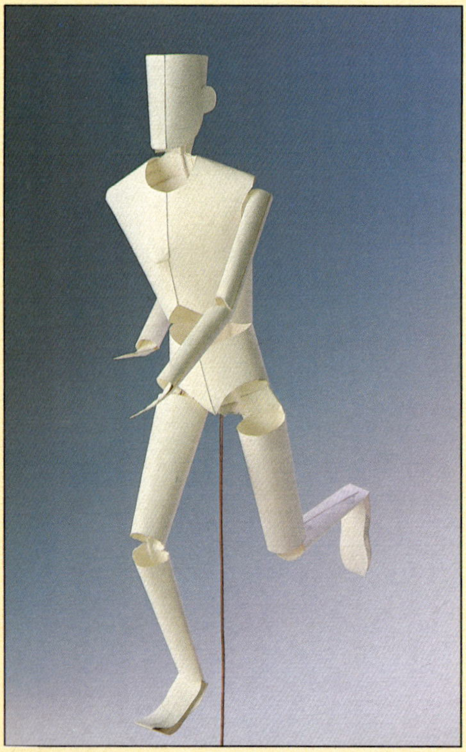

Abb. 105 bis 109: Als weitere Übungen zum Thema Anatomie des menschlichen Körpers zeichnen Sie nun einige Gestalten aus dem Kopf. Konsultieren Sie dazu die Schemata der Muskeln von Seite 48 bis 53, und wenden Sie das dort Erlernte auf Ihre Zeichnungen an.

106

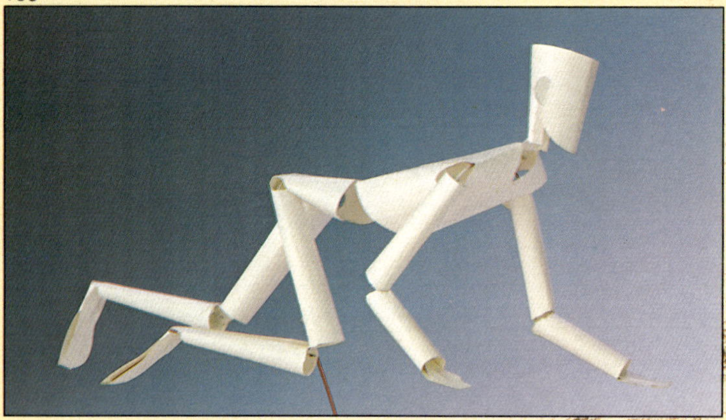

107

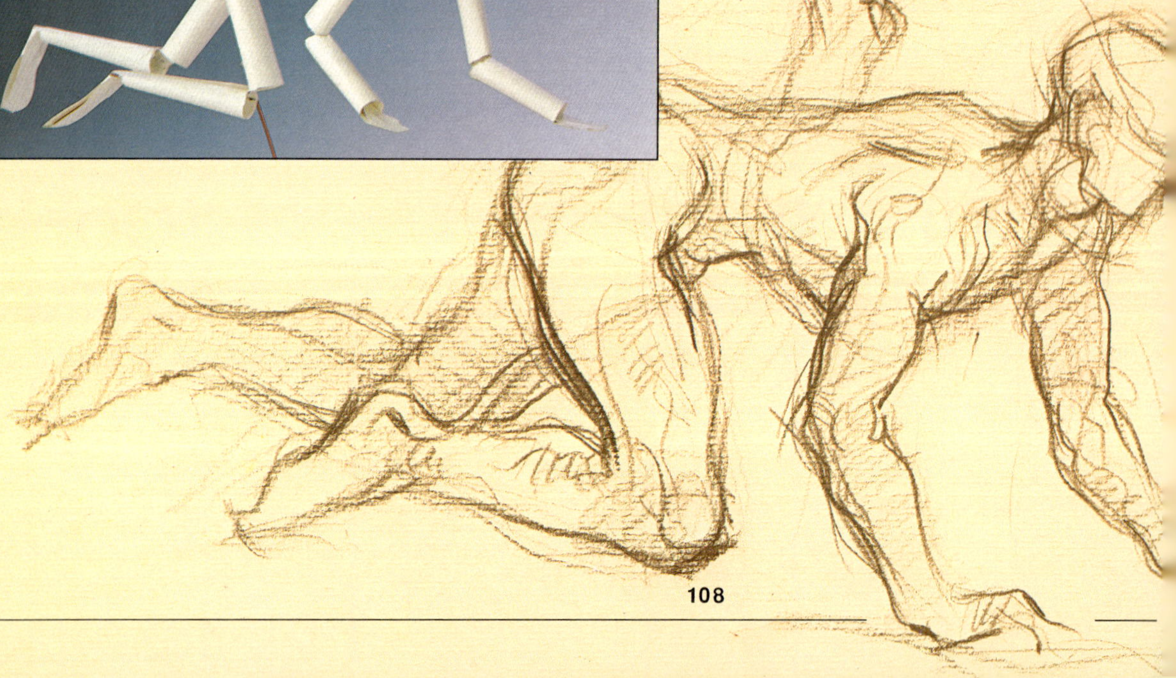

108

109

Übungen zum Aufbau des weiblichen Körpers

110

112

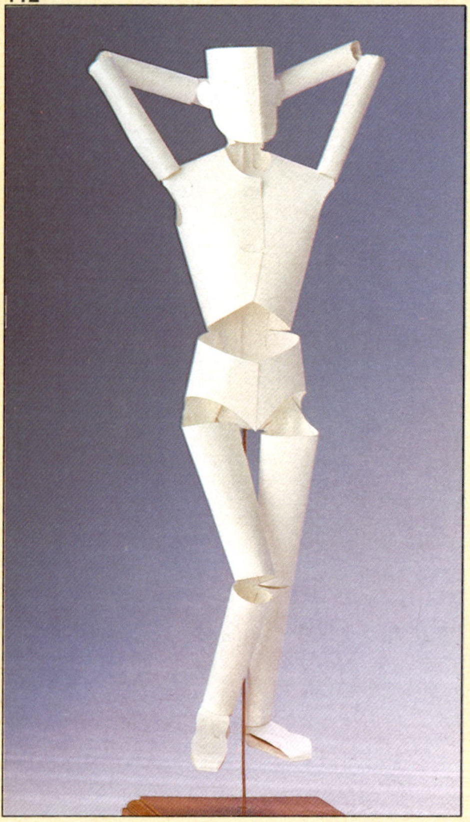

111

113

Abb. 110 bis 114: Hier geht es mehr um das Problem der Struktur und des Aufbaus als um die eigentliche Anatomie, denn diese macht sich bei der Frau nicht so stark bemerkbar. Bestimmen Sie die Posen mit der Papierpuppe, und halten Sie sich bei den Maßen und Proportionen an den Kanon der weiblichen Gestalt.

114

Es geht einen Schritt weiter – einen wichtigen Schritt. Wir fassen zunächst einige grundsätzliche Faktoren beim Zeichnen und Malen von Gestalten und Porträts zusammen. Zunächst die Beleuchtung, also die Richtung des Lichts: von vorn und von der Seite; die Qualität des Lichts: direkte und indirekte Beleuchtung; und die Schatten: Eigenschatten, Wurfschatten und Helldunkel sowie die tonalen Werte. Sie sollen lernen, die Töne zu erkennen und richtig einzuordnen. Anschließend wollen wir eine Reihe von Beispielen untersuchen und deren Gestaltung, Ausarbeitung und Herstellungsweise beschreiben, um einen eigenen Stil zu finden.
Das gesamte Kapitel befaßt sich also mit der Kunst der Zeichnung eines menschlichen Körpers.

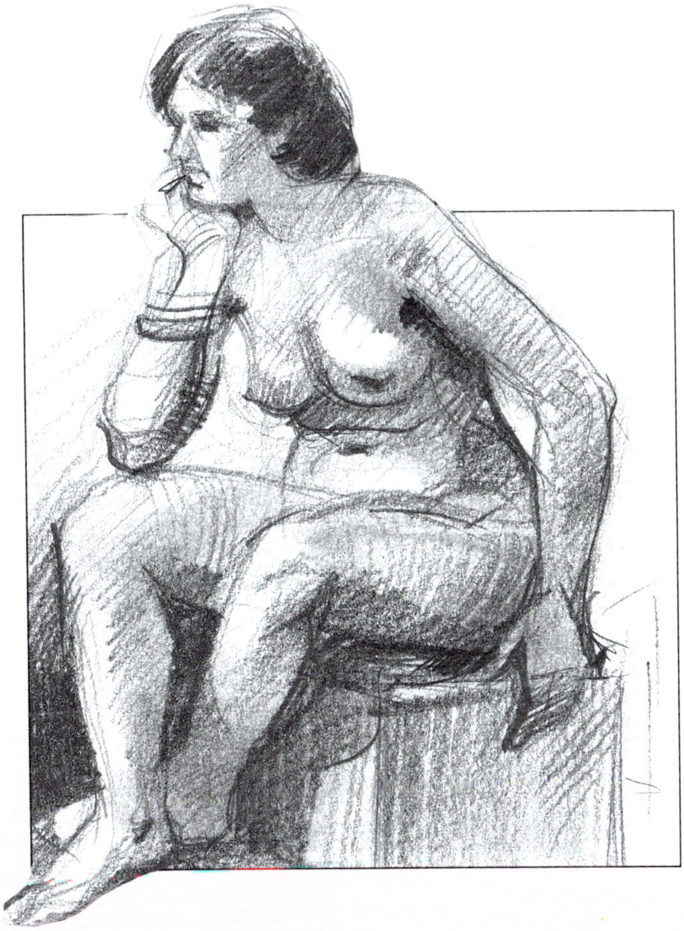

115

Der menschliche Körper

Licht und Schatten

Das Licht modelliert den Körper und sorgt für den Eigen- und Wurfschatten. Das Licht kann natürlich oder künstlich, direkt oder indirekt sein. Es kann von vorn, von der Seite etc. auf das Modell fallen. Auf diesen Faktoren – Menge, Qualität und Richtung des Lichts – beruhen der größere oder kleinere Kontrast der Volumen, die Herstellungsart und die Aussage des Werkes. Beachten Sie, daß sich im Schatten ebenfalls tonale Unterschiede ergeben, die die Helldunkelwirkung, vor allem das reflektierte Licht und die dunkelste Stelle bestimmen, die wir als den „Buckel" des Schattens bezeichnen.
Betrachten Sie zum besseren Verständnis die Abbildungen mit der aus unterschiedlichen Richtungen beleuchteten Venus von Milo sowie die Skulptur der hockenden Venus, die einmal von einer Lichtquelle – als Nachahmung der Sonne – von vorn sowie einmal von diffusem Zenitallicht beleuchtet wird, wie es durch ein Fenster oder eine hochliegende Öffnung in einem Atelier hereinfällt.
Diese allgemeinen Grundsätze darf man nicht vergessen und muß sie während des Studiums von Licht und Schatten bei der menschlichen Gestalt anwenden. Die Menge, Qualität und Richtung des Lichtes bestimmen in der Tat von Anfang an die Ausführung des Bildes. Sie führen zu einer weichen oder harten Darstellung, die auch in den Schatten Tonwerte und tonale Unterschiede aufweist.
Haben Sie diese allgemeinen Grundsätze verstanden? Ja? Gut. Befassen wir uns nun ohne weitere Vorrede mit dem praktischen Studium des Schattens bei der menschlichen Gestalt.

116

117

118

119

Abb. 116 bis 119: Kopie der Venus von Milo, beleuchtet von oben (Abb. 116), von unten (Abb. 117), mit Gegenlicht (Abb. 118) und mit seitlichem Licht (Abb. 119). Denkbar ist auch Frontallicht und eine Beleuchtung seitlich von vorn. Letztere ist besonders dokumentarisch, d.h. sie drückt die Körperformen am besten aus.

120

121

122

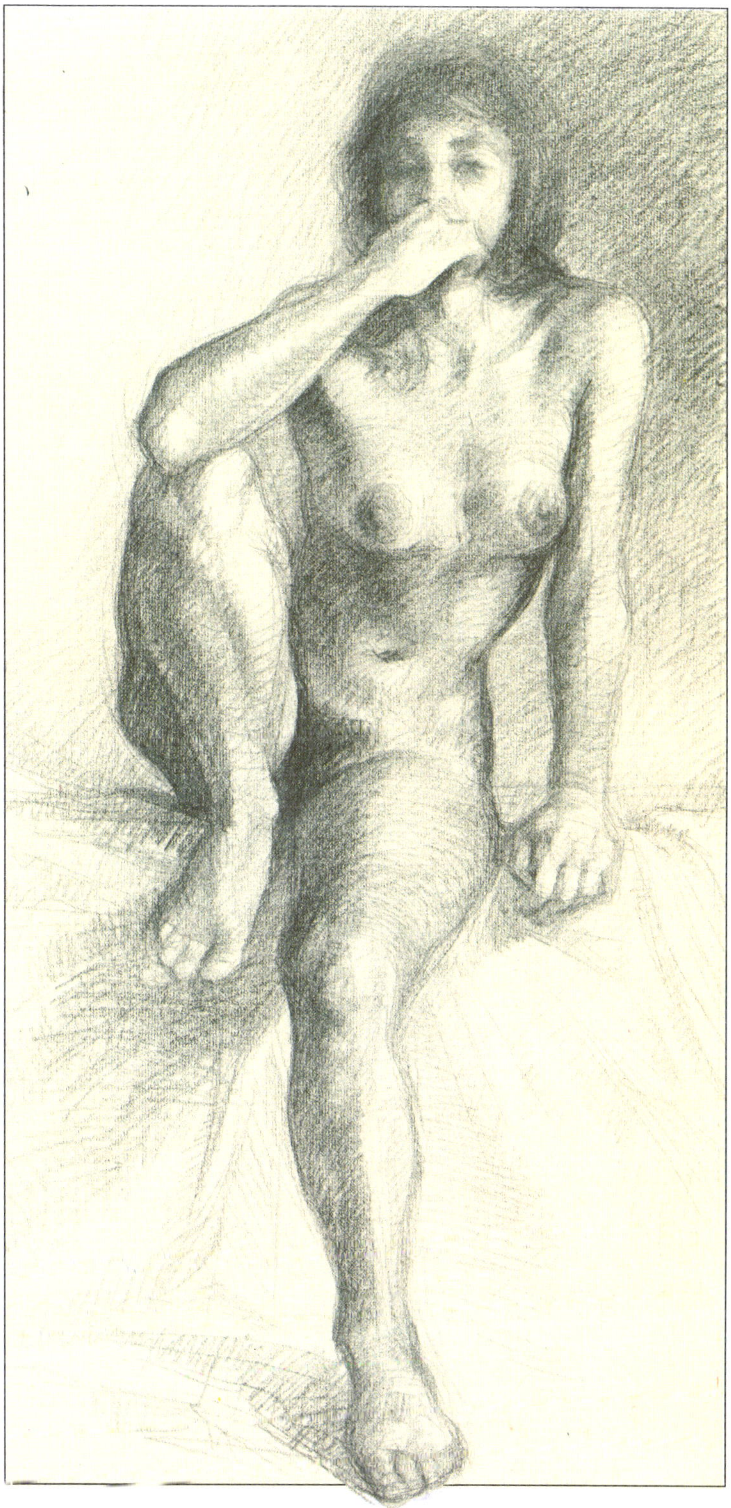

Abb. 122: Für diesen Akt mit blauem Stift wurde das Modell seitlich von vorn und mit diffusem Licht beleuchtet, das für weiche harmonische Tonwerte sorgte.

Schatten als Flächen oder Blöcke

Stellen Sie sich vor, Sie hätten ein Modell vor sich, zum Beispiel die Venus von Milo. Das Problem der Umzeichnung und des Aufbaus ist bereits gelöst. Nun wollen Sie mit der Ausarbeitung der Formen sowie der Anlage und der Wiedergabe von Licht und Schatten beginnen. (Beachten Sie, daß die lineare Einrahmung und die Anordnung der Schatten gleichzeitig erfolgen kann und muß. Wir haben beide Vorgänge hier getrennt, um deren Verständnis zu erleichtern.)

Die Schwierigkeit tritt in dem Augenblick auf, wo wir die ganze Skala der Werte und Töne, die das Modell aufweist, in ein Schema übertragen wollen. Die einzige Lösungsmöglichkeit besteht darin, zu erkennen – besser gesagt, zu wissen, wie man erkennt –, wo die Abstufungen, die die Formen modellieren, beginnen und wo sie enden. Das setzt voraus, daß man die Übergänge – also die mittleren Töne – zunächst fortläßt, nur die eigentlichen Licht- und Schattenzonen berücksichtigt und sie als ebene Flächen betrachtet – als wäre der Körper facettiert.

Grafisch ausgedrückt: Die nebenstehenden Abbildungen zeigen die praktische Anwendung des im vorigen Absatz Gesagten. Abbildung 123 zeigt das Modell, wie es ist. Auf Abbildung 124 ist das Modell ohne Abstufungen in Blöcke unterteilt. Die Schatten werden mit Hilfe von Flächen wiedergegeben. Abbildung 125 zeigt die Anlage der Schatten entsprechend dem vorigen Bild. Abbildung 126 gibt ein fortgeschritteneres Stadium der Tonwertbestimmung auf der Grundlage von Abbildung 125 wieder. Gut und schön, werden Sie sagen. Aber was muß ich tun, um an meinem Modell etwas zu sehen, das gar nicht vorhanden ist? Wie soll ich mir die Schatten in Form von Facetten oder Flächen vorstellen, um sie als Blöcke zu vereinfachen?

Abb. 123 bis 126: Hier das Verfahren des Künstlers für eine Interpretation des Schattens nach Blökken. Bevor man zu zeichnen beginnt, teilt man das Spiel von Licht und Schatten gedanklich in flache Töne ohne Übergänge ein, als wäre die Skulptur facettiert (Abb. 123 und 124). Anschließend zeichnet man den Schatten entsprechend der eigenen Vision (Abb. 125) und arbeitet schließlich mit Hilfe der Synthese die Zeichnung so aus, wie man es anfänglich vorhatte. Dabei wird das Modell mit all seinen Tonwerten gezeichnet.

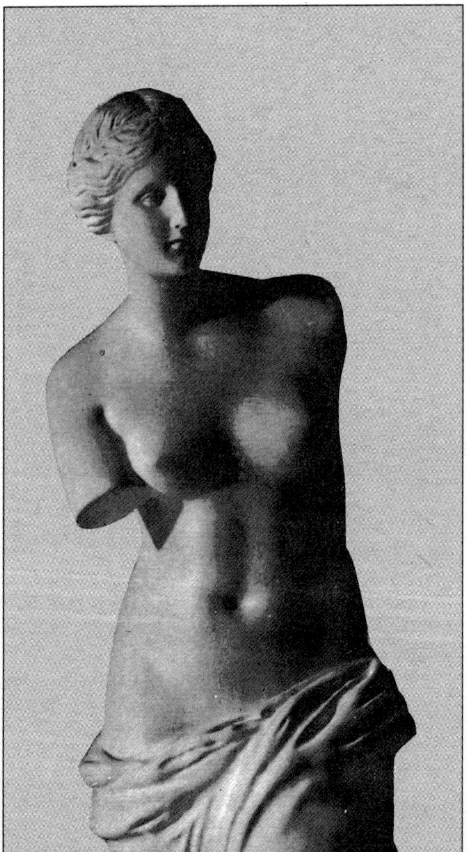

123

124

127

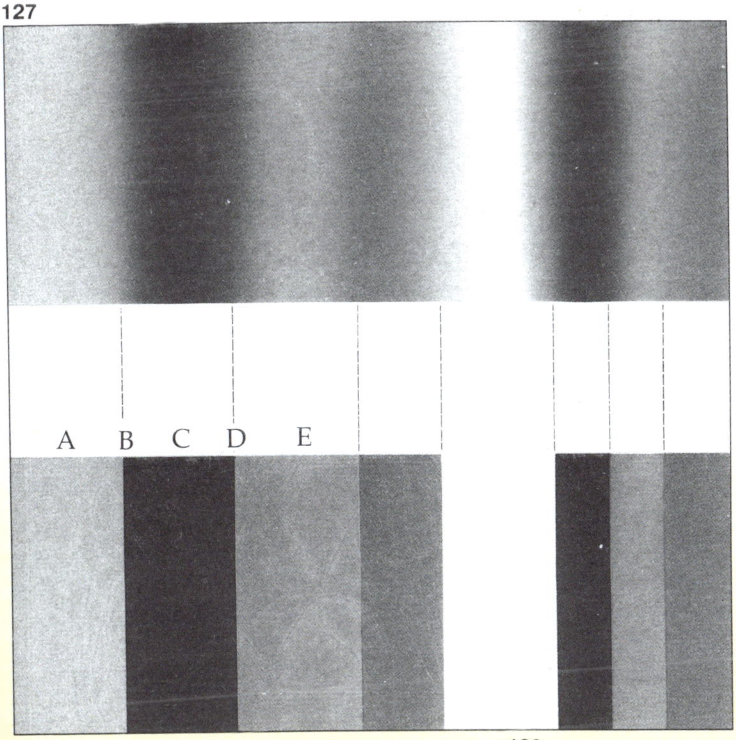

Ganz einfach: Stellen Sie nach Augenmaß fest, wo das Licht und der Schatten beginnen und aufhören. Abbildung 127 zeigt eine Abstufung, die extra zum besseren Verständnis dieses Verfahrens angelegt wurde. Die tonalen Übergänge erfolgen ohne Brüche.

Ob es sehr schwierig ist, diese Serie von Abstufungen in konkrete Flächen aufzuteilen und zum Beispiel die Begrenzung B zur helleren Zone A und zur folgenden Zone C festzulegen etc.? Nein, das ist es bestimmt nicht.

125

126

Abb. 127: Eine Reihe von Grautönen und Abstufungen mit einer breiten Tonwertskala, die von Schwarz über mittlere Töne bis zum hellsten Grau reicht (oben), sowie die Synthese dieser Grautöne und Abstufungen in konkreten flachen Tönen (unten).

Ein Schema aus Licht und Schatten

Wir wollen hier keine mathematische oder geometrische Studie anfertigen und den menschlichen Körper nicht in einen Polyeder verwandeln. Natürlich nicht. Die Theorie ist eine Sache, die Praxis eine andere. Wir wollen nur jene Stellen angeben, die im Schatten liegen. Das werden wir jetzt anhand des Modells von Abbildung 130 näher untersuchen.

Die alte Methode der halb geschlossenen Augen

Sie kennen diese Methode, bei der Sie die Augen durch leichtes Zusammenziehen der Muskeln halb schließen, so daß die Augenlider zu flimmern beginnen (Abb. 128). Dadurch „verschwimmt" der normale Blick. Die weichen Übergänge und selbst die mittleren Töne verschwinden, und der Gegensatz von Licht und Schatten wird deutlicher.

Probieren Sie es aus. Kneifen Sie die Augen beim Betrachten des Modells häufig zusammen.

Abbildung 132 zeigt, daß es an vielen Stellen keine klare geometrische Abgrenzung gibt, die die helleren von den dunkleren Flächen trennt oder umgekehrt. (Vergleichen Sie diese Zeichnung mit der vorigen Abbildung 125.) Beachten Sie ferner, daß gewisse Stellen von Abbildung 132 mit kreisförmigen Strichen, als Schlingen oder einfach als Abstufungen angelegt wurden, die vom ersten Moment an die zylindrischen oder gewölbten Formen andeuten. Man braucht also die Regel, nach der die Schatten in Flächen aufgeteilt werden müssen, nicht allzu wörtlich zu nehmen. Es reicht, wenn man die Schatten des Modells in mehr oder weniger deutliche weiche und harmonische Abstufungen unterteilt.

128

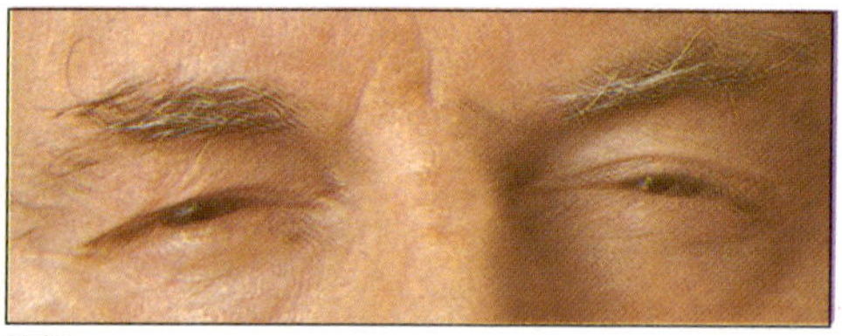

129

130

Abb. 128 bis 130: Kneift man nach der alten Methode die Augen halb zusammen, sieht man die Tonwerte, also die Wirkung von Licht und Schatten als Synthese (Abb. 129). Sie erscheinen als große Farbflecken, wobei die kleinen Einzelheiten der Formen und Tonwerte entfallen.

131

132

Ausarbeitung des Modells im akademischen Stil

Fahren wir mit der Ausarbeitung der Zeichnung fort, und untersuchen wir die schrittweise Entwicklung der Tonwerte, der Kontraste und der Atmosphäre im *akademischen Stil.* Nebenbei gesagt, der Begriff „akademische Zeichnung" oder „akademische Malerei" entstand Ende des vorigen Jahrhunderts. Damals neigten die Künstler mit Ingres an der Spitze dazu, ihre Modelle absolut realistisch zu zeichnen und zu malen und alle Formen und Werte kühl und präzise wiederzugeben. Heutzutage wird ein derartiger Stil nur zu Studienzwecken verwendet. Erinnern wir uns in diesem Zusammenhang an die Grundregeln für eine absolut realistische und somit akademische Darstellung. Vergessen Sie nicht: *Tonwerte wiederzugeben, bedeutet, zu beobachten, zu vergleichen und die ganze Aufmerksamkeit auf den am Modell erkannten Ton zu richten, bis dieser sich fest dem Gedächtnis eingeprägt hat. Erst dann kann man ihn mit anderen vergleichen.* Dafür heißt die erste Regel: das Licht zu *erkennen und wiederzugeben,* nachdem man das Modell als ein aus Flächen zusammengesetztes Ganzes aus Tonwerten und ohne lineare Umrisse betrachtet und analysiert hat. Die Anlage der Werte, der Aufbau und die Harmonisierung geschehen zwar schrittweise, müssen aber gleichzeitig erfolgen. Alles muß zugleich bearbeitet werden, soll das Bild nach und nach immer deutlicher werden. Vergessen Sie nicht, daß Sie die Werte um so genauer treffen, je aufmerksamer Sie die Tonwertkontraste miteinander vergleichen. Nutzen Sie das Gesetz der Simultankontraste. Es besagt, daß ein Weiß um so heller wirkt, je dunkler seine Umgebung ist. Bedenken Sie ebenfalls, daß Sie Kontraste hervorrufen können, indem Sie einen benachbarten Ton verstärken, so daß der eine oder andere deutlicher hervortritt. Schließlich haben Sie die Möglichkeit, eine Atmosphäre zu schaffen, Luft zu zeichnen, indem Sie die Konturen auflösen, den Vordergrund betonen und den Hintergrund bewußt diffus halten.

Abb. 133 und 134: Das Gesetz der Simultankontraste besagt, daß „ein Weiß um so weißer wirkt, je dunkler der umgebende Ton ist". Berücksichtigen wir dieses Gesetz, das wir unten anhand eines weißen Quadrats einmal auf hellgrauem und einmal auf schwarzem Grund illustrieren – das zweite Weiß erscheint erheblich heller als das erste –, bei den Kontrasten einer Figurenzeichnung, können wir die Leuchtkraft der hellen Zonen betonen, indem wir einfach deren Umgebung abschatten.

133

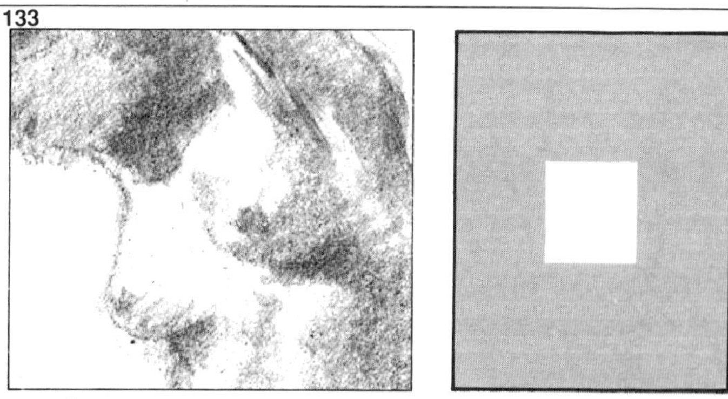

134

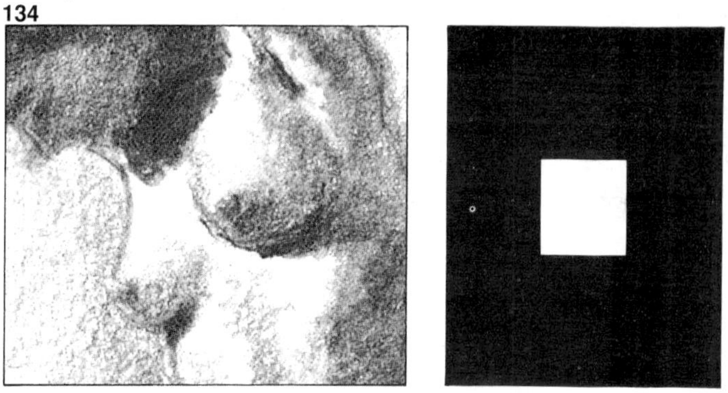

2. Für ein eingehenderes Studium der Bestimmung der Tonwerte und des Schattierens empfehlen wir Ihnen das Buch *„Wie male ich Licht und Schatten"*, das ebenfalls in der Reihe *„Richtiges Malen und Zeichnen"* erschienen ist.

135 136 137

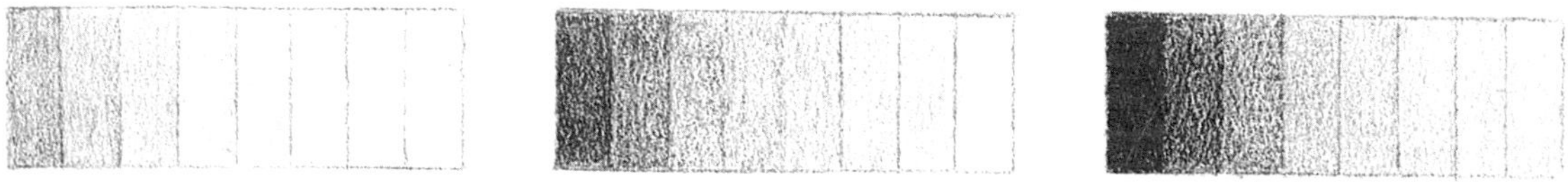

Abb. 135 bis 137: Schrittweise Ausarbeitung eines weiblichen Aktes mit Bleistift 4B auf Cansonpapier mit mittlerem Korn.

Betrachten Sie als Zusammenfassung des soeben Gesagten die schrittweise Entwicklung der Zeichnung eines Frauenaktes mit folgenden drei Faktoren.

Im ersten Stadium (Abb. 135) wird die Zeichnung unmittelbar mit Grautönen und Abstufungen fast ohne Anhaltslinien angelegt, denn die Umrisse und Begrenzungen werden bei der Ausarbeitung nicht durch Linien, sondern von der Farbe der Körper – in unserem Fall also durch Tonwerte – wiedergegeben. Daher: keine Umrißbegrenzungen durch Linien, ausschließlich Tonwerte. Der zweite Faktor besagt, daß die Zeichnung grundsätzlich als Ganzes fortschreitet und nicht in Teilen.

Drittens erfolgt die schrittweise Herstellung der Zeichnung grundsätzlich *von wenig nach mehr*, so daß man das Volumen und die Wirkung von Licht und Schatten ständig anpassen und vervollkommnen kann. Beachten Sie diese außerordentlich wichtige Regel.

Einige Beispiele

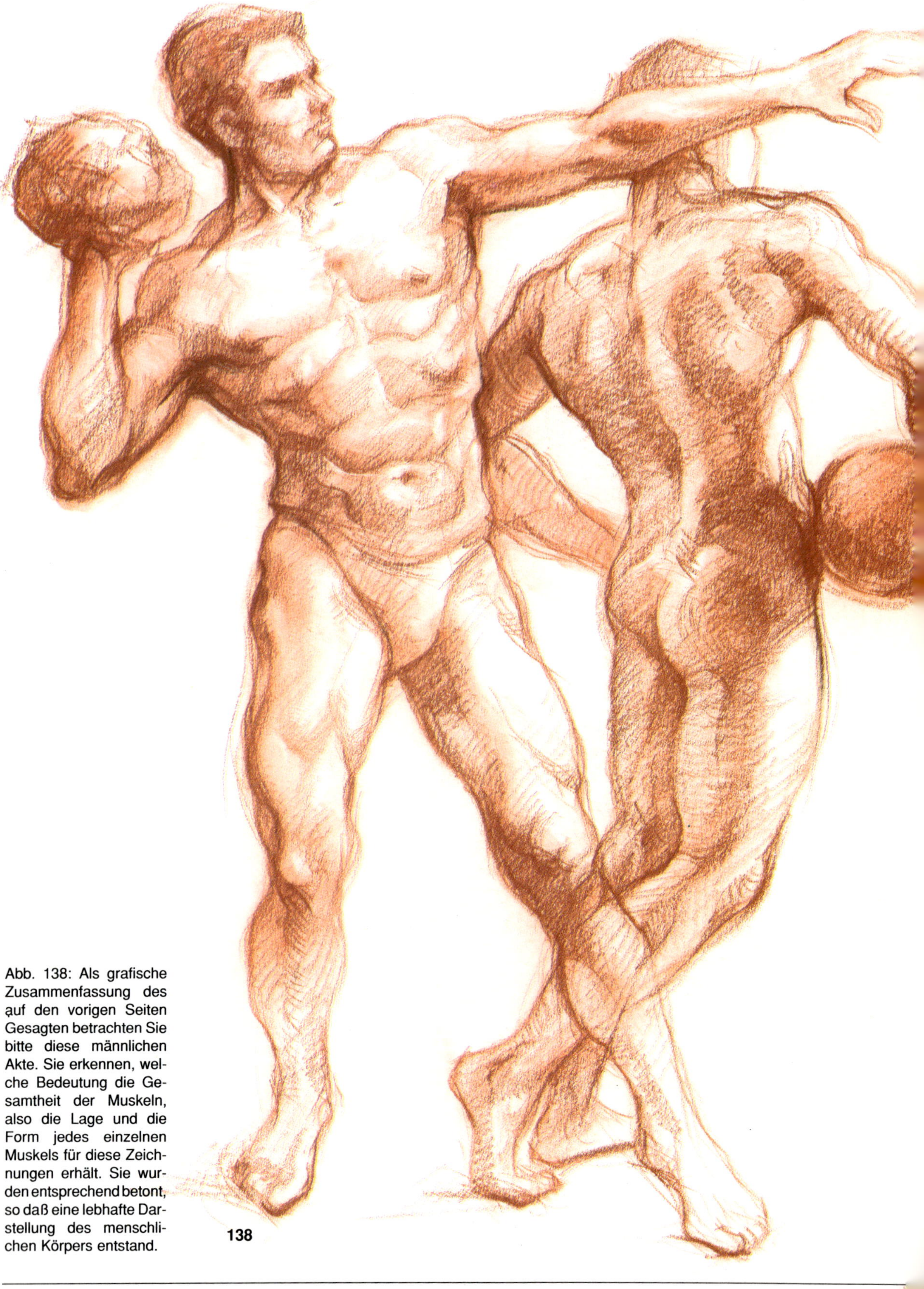

Abb. 138: Als grafische Zusammenfassung des auf den vorigen Seiten Gesagten betrachten Sie bitte diese männlichen Akte. Sie erkennen, welche Bedeutung die Gesamtheit der Muskeln, also die Lage und die Form jedes einzelnen Muskels für diese Zeichnungen erhält. Sie wurden entsprechend betont, so daß eine lebhafte Darstellung des menschlichen Körpers entstand.

138

Einige Beispiele

Abb. 139: Mariano Fortuny (1838–1874): „Diskuswerfer von vorn", Sammlung Fortuny der Königlichen Akademie der schönen Künste von Sant Jordi, Barcelona. In dieser Federzeichnung auf rosa Papier liefert uns Mariano Fortuny eine gründliche Studie der Anatomie des menschlichen Körpers im akademischen Stil der Mitte des vorigen Jahrhunderts.

Abb. 140: Mariano Fortuny „Bogenschütze", Sammlung Fortuny der Königlichen Akademie der schönen Künste von Sant Jordi, Barcelona. Zeichnung mit Kohlestift.

139

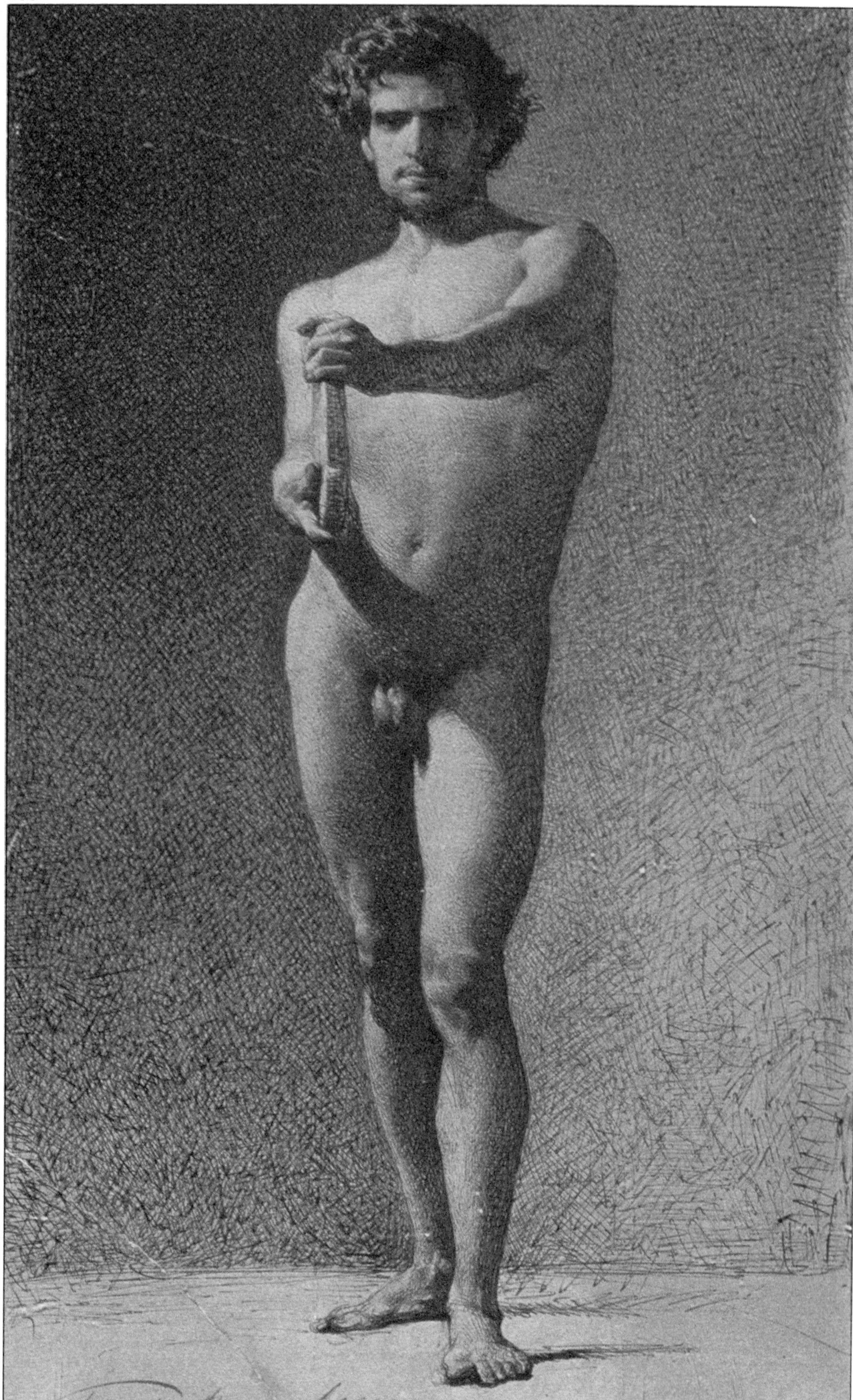

140

Einige Beispiele

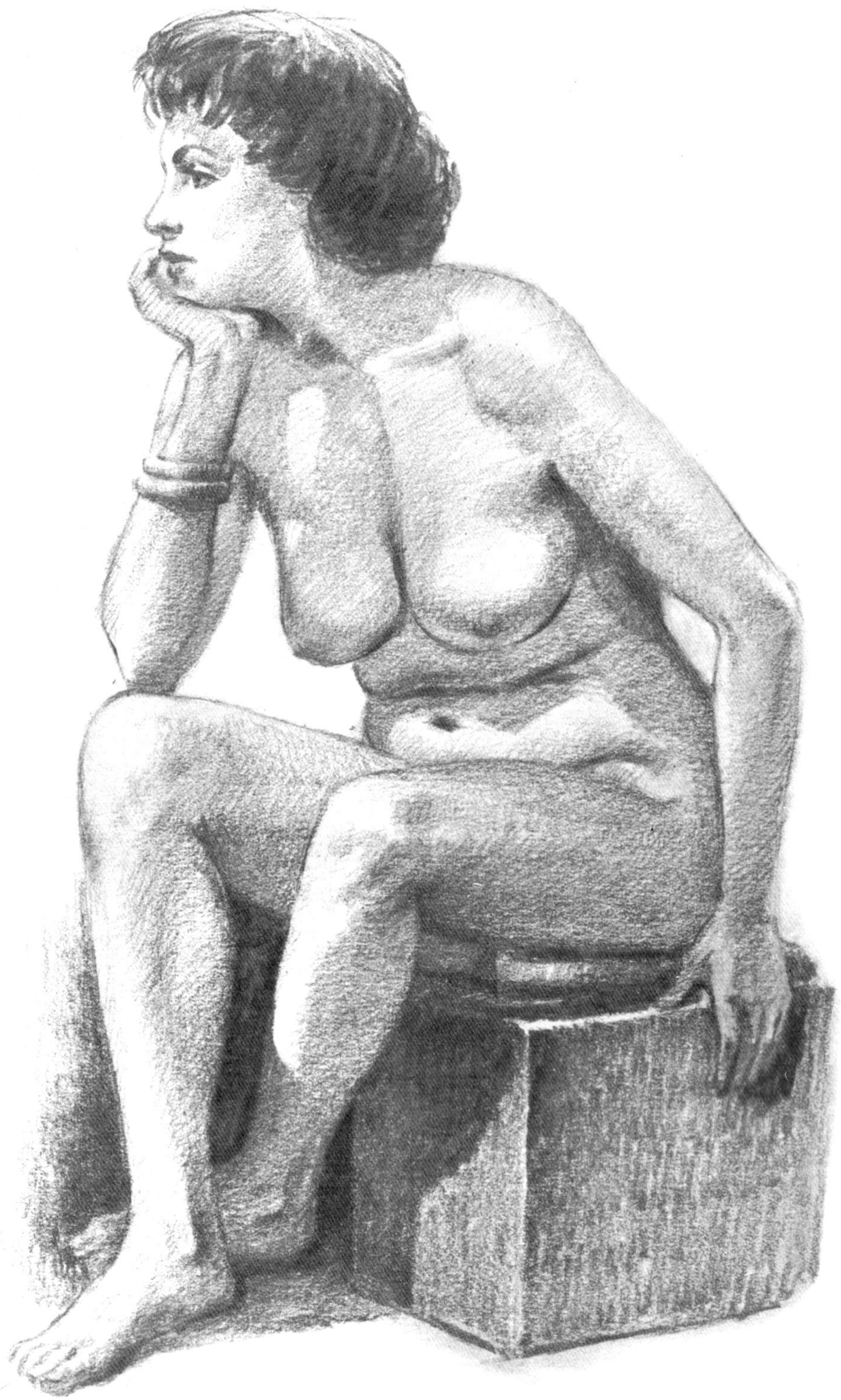

141

Abb. 141: Zeichnung nach einem Modell mit Bleistift HB, 2B und 6B auf Cansonpapier mit mittlerem Korn. Der Aufbau erfolgte mit dem Stift HB, die Zeichnung und die allgemeine Anlage der Tonwerte mit dem Stift 2B, die Verstärkung der dunkelsten Zonen des fertigen Werkes mit dem Stift 6B.

Abb. 142: Miquel Ferrón fertigte diese Studien eines weiblichen Aktes in der Technik „à trois crayons“ an, wie die Franzosen zu Zeiten von Boucher und Watteau sagten. Damals war es Mode, mit Kohle- und Rötelstift auf cremefarbenem Papier zu zeichnen und die Arbeit mit weißer Kreide zu betonen. Das künstlerische Ergebnis sehen Sie in dieser Zeichnung.

142

Der persönliche Stil

Wie bekannt, bezeichnet man den Charakter, den der Künstler einem Werk verleiht, als seinen Stil. Um diesen Charakter zu verdeutlichen, gibt der Künstler dem Modell seine persönliche Interpretation. Er erarbeitet die Form und die Gestaltung entsprechend seinem Wesen und seiner Denkweise. Auch seine Erfahrung und seine seelische Verfassung spielen eine Rolle. Desgleichen berücksichtigt er den Stil seiner Zeit. Zu dieser persönlichen Interpretation der Form und der Gestaltung kommen die bevorzugte Malweise des Künstlers, seine Herstellungsweise, die von der gewählten Technik abhängt.
Form, Gestaltung und Herstellungsweise sind also die drei Faktoren, die der Künstler einsetzt, um seinen eigenen Stil auszudrücken. Untersuchen wir hier kurz, welche Möglichkeiten sie bieten.

Die Form
Die Form bietet sich am meisten für eine persönliche Interpretation an. Man kann sie verlängern, erweitern, verhärten, weicher halten, idealisieren etc. In jedem Fall hat die Arbeit mit diesem Faktor eine Veränderung des normalen Erscheinungsbildes des Modells zur Folge, also eine Deformation, die zu einer schwerverständlichen Originalität, zu einem jener Stile führen kann, der jedes ruhige Betrachten unmöglich macht und das beängstigende Bedürfnis auslöst, Fragen zu stellen. Stilisieren Sie die Formen, wenn Sie soweit sind. Ziehen Sie diesen Augenblick aber nicht gewaltsam vor. Warten Sie, bis Sie selbst das Bedürfnis verspüren, die Form zu verändern. Es wird – falls es sich überhaupt einstellt – auftreten, wenn Sie die akademische Zeichnung beherrschen und derart viele Körper mit den richtigen Proportionen gezeichnet haben, daß Sie den unbezwingbaren Wunsch verspüren, neue künstlerische Ausdrucksformen zu suchen. Folgen Sie auch hier dem Vorbild der großen Meister, zum Beispiel El Greco, der es als erster wagte, den menschlichen Körper zu stilisieren und zu verformen. Das tat er nicht von vornherein. Man braucht nur eines seiner ersten Gemälde – „Das Martyrium des heiligen Mauritius" –, das er nach seiner Ankunft in Toledo malte, mit einem späteren Werk zu vergleichen, beispielsweise mit der „Taufe Christi", dann erkennt man, daß diese fantastischen, wunderbaren Verformungen nicht das Werk eines Tages, sondern das Ergebnis eines ständig fortschreitenden Studiums waren.

Abb. 143: Egon Schiele (1890–1918) „Sitzender Akt", Historisches Museum der Stadt Wien. Der frühverstorbene Schiele zeichnete in einem sehr persönlichen Stil, der sich in dieser Zeichnung mit schwarzem wasservermalbarem Farbstift spiegelt. Auffällig ist eine deutliche Verzerrung der Form.

143

Die Gestaltung

Die Gestaltung kann ebenso wie die Form völlig normal, fotografisch und akademisch sein. Als schöpferischer Künstler mit eigenem Stil haben Sie jedoch die Möglichkeit, beide auf Ihre Weise entsprechend Ihrem Charakter sowie dem Sinn und der Aussage des Werkes etc. zu erarbeiten. Dazu können Sie die Kontraste verstärken und soweit verhärten, daß sie sich in ein Schwarz-Weiß-Spiel verwandeln. Oder Sie mildern sie ab und verleihen dem Modell etwas sehr Zartes. Außerdem können Sie die Atmosphäre verwandeln und Ihren persönlichen Stil betonen, indem Sie außerordentlich klar und präzise in einem knappen harten Stil arbeiten. Oder Sie übertreiben die Auflösung der Formen und zeichnen, als sähen Sie alles durch Mattglas (Abb. 144 und 145).

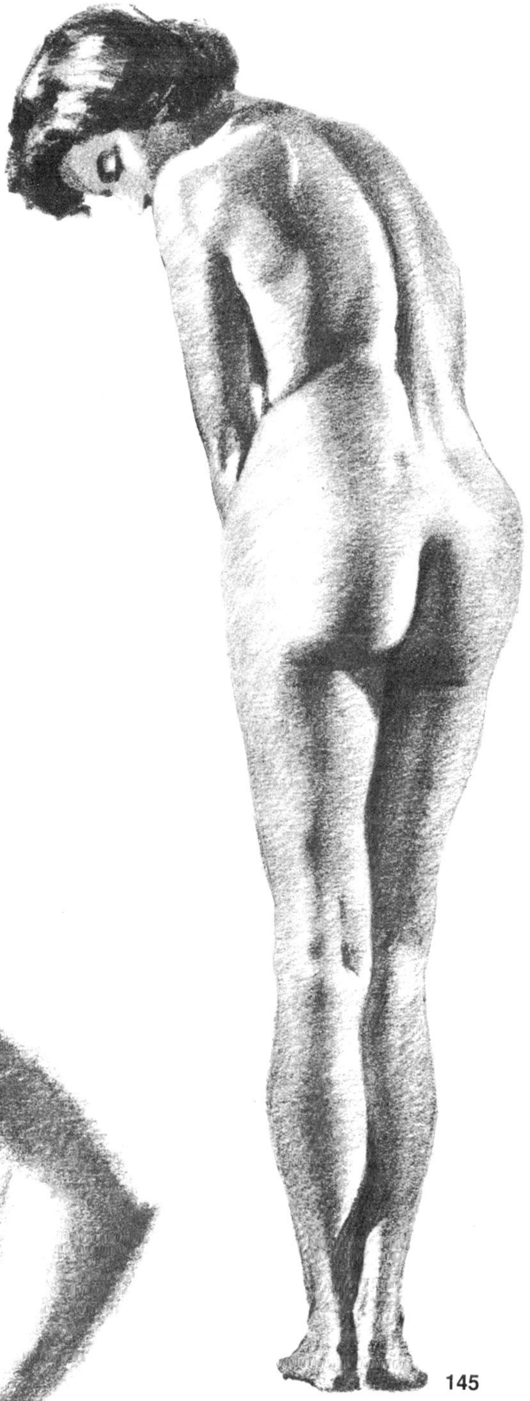

145

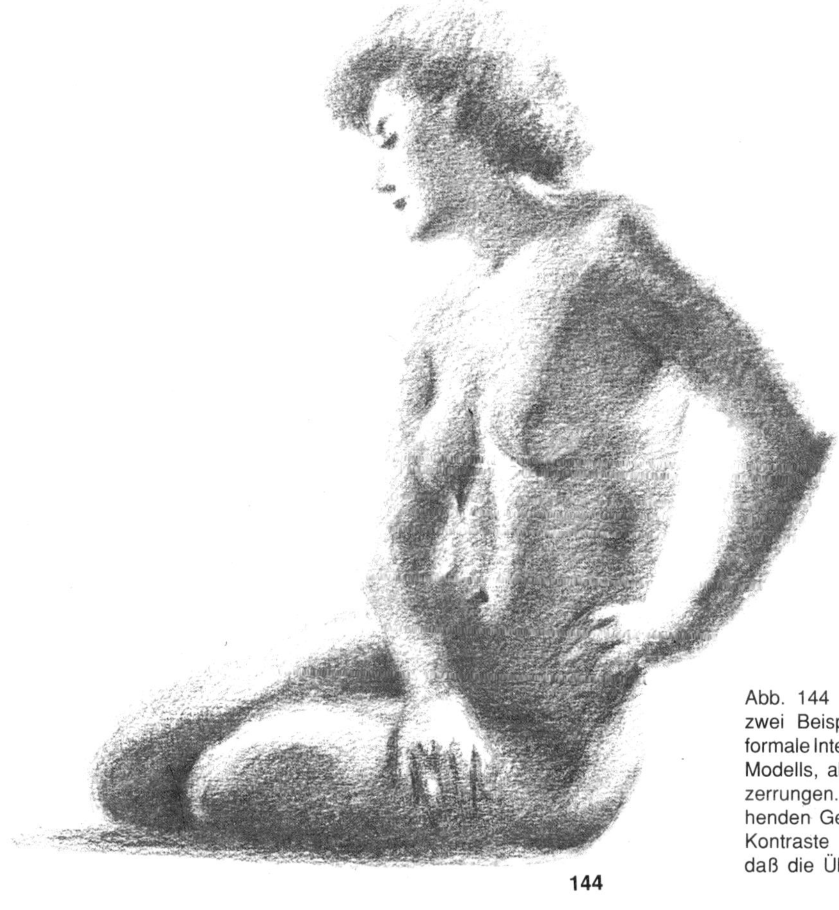

144

Abb. 144 bis 145: Hier zwei Beispiele für eine formale Interpretation des Modells, also ohne Verzerrungen. Bei der stehenden Gestalt sind die Kontraste verstärkt, so daß die Übergänge von Licht und Schatten soweit wie möglich entfallen. Bei der sitzenden Gestalt habe ich die Wirkung von Licht und Schatten so weich wie möglich gehalten, als betrachte man das Bild durch Milchglas.

Die Herstellungsweise (Technik und Mittel)

Die Herstellungsweise wird zunächst von der Technik bestimmt – der Linienführung, der Grautöne, der Abstufungen etc. – und zweitens von seinem Arbeitsgerät (Bleistift, Kohlestift, Rötelkreide oder der Feder, auch aus Rohr oder Bambus). In jedem Fall stellt die Herstellungsweise ein wichtiges Kriterium für den persönlichen Stil dar. Es geht um die Linienführung, den Charakter des Strichs von Stift bzw. Pinsel, die Kombination zum Beispiel eines grobkörnigen Papiers mit einem weichen Stift oder die Anlage einer Abstufung aus kurzen Strichen mit der flach aufliegenden oder gespitzten Mine etc.

146

147

148

Auf dieser Seite sehen Sie einige Zeichnungen von Francesc Serra in unterschiedlichen Techniken.

Abb. 146 bis 150: Francesc Serra „Zeichnungen von Gestalten", Privatsammlung. Serra liefert uns hier ein ausgezeichnetes Beispiel für die Sprache, die Herstellungsweise, die Technik und das Medium einer Zeichnung mit Pastell (146), Rötel (147), Chinatusche und schwarzer Lavierung (148), nur Chinatusche (149) und Tusche und Gouache (150). Mit Ausnahme der Zeichnung mit Chinatusche (149), die auf weißem Papier hergestellt wurde, befinden sich alle auf cremefarbenem Zeichenpapier. Sie besitzen einen persönlichen, aber aufgrund des unterschiedlichen Materials und der Technik durchaus differenzierten Stil.

Einige Beispiele

149

150

Figurenzeichnen: eine tägliche Übung

151

152

153

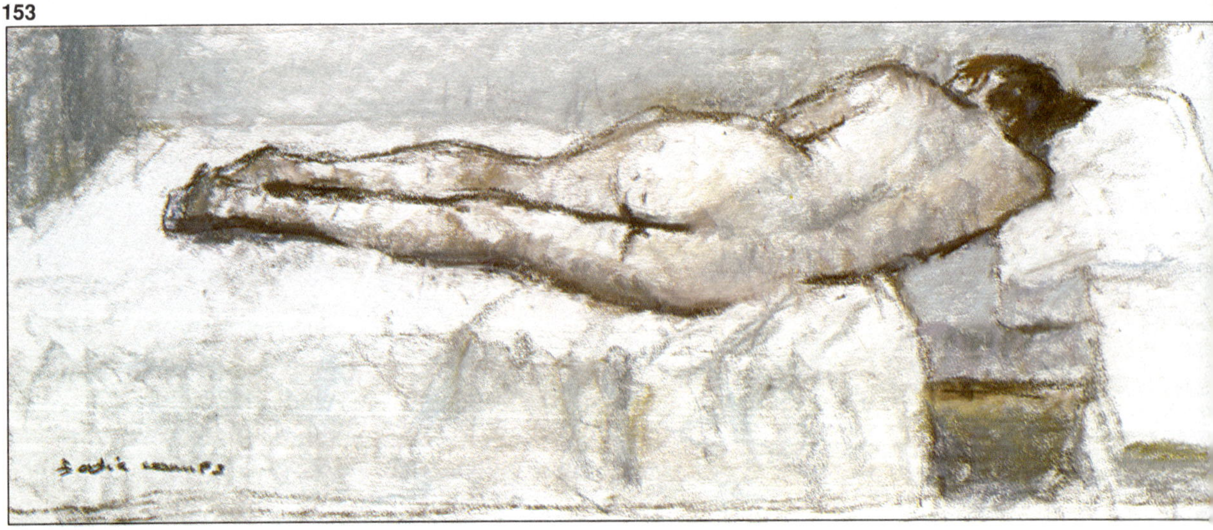

Abb. 151 bis 156: Zeichnungen und Gemälde von Badia Camps, einem Künstler, dessen intime Malerei und weiblichen Akte Berühmtheit erlangten. Nach seinen eigenen Worten kann man sich aufgrund seiner Perfektion und seiner praktisch absoluten Beherrschung der Zeichenkunst beim Anblick seiner Bilder, seiner Farbskalen, der Kontraste, der Tonwerte und der allgemeinen Harmonisierung der Farben richtig erholen.

Einige Beispiele

154

155

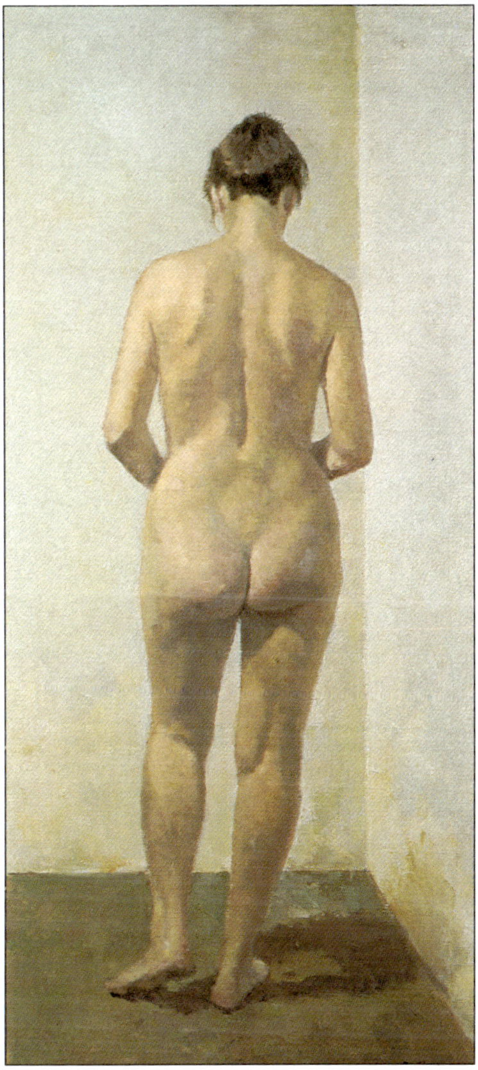

156

Badia Camps ist Professor für Zeichnen und Spezialist für weibliche Akte in Öl. Auf diesen beiden Seiten zeigt er uns eine Auswahl seiner letzten Bilder, die er neben einigen hundert Zeichnungen und Figurenskizzen angefertigt hat. „Figurenzeichnen ist eine Übung, der ich mich praktisch jeden Tag unterziehe. Dadurch vervollkommnet sich nicht nur mein Handwerk, sondern mir fallen auch laufend Ideen und Kompositionen für neue Bilder ein. Sag deinen Lesern, daß man aufgrund dieser ständigen Übung malen und Farben mischen und harmonisieren kann, ohne sich um die Zeichnung sorgen zu müssen. Und sag ihnen auch, daß man nur durch wiederholtes Figurenzeichnen ein gutes Niveau bei der Aktmalerei erhält."
Das sei hiermit getan.

Für die Körperteile benötigt man ein gesondertes Studium. Der Rumpf und die Extremitäten – Arme, Beine und Füße – waren und sind für die meisten Künstler in Gegenwart und Vergangenheit ein besonderer Gegenstand der Untersuchung. Das gilt für Leonardo da Vinci, Michelangelo, Raffael, Dürer, eben alle Künstler der Renaissance. Außerdem für Rubens und Rembrandt bis hin zu Delacroix und die Impressionisten. Alle haben Stunden damit verbracht, Rümpfe zu zeichnen. Wer erinnert sich nicht an die Zeichnungen von Michelangelo? Arme, Beine und Hände – ganz besonders die Hände – gehören zu den schwierigsten Körperteilen, wie wir auf den folgenden Seiten sehen werden. Hinzu kommt die Kleidung: ein weiteres Thema, von dem es Hunderte von Skizzen in den Zeichenkabinetten der Museen gibt. Dies sind die Themen der folgenden Seiten – die auch ein praktisches Studium erfordern. Dabei sollte man Papier und Bleistift zur Hand haben.

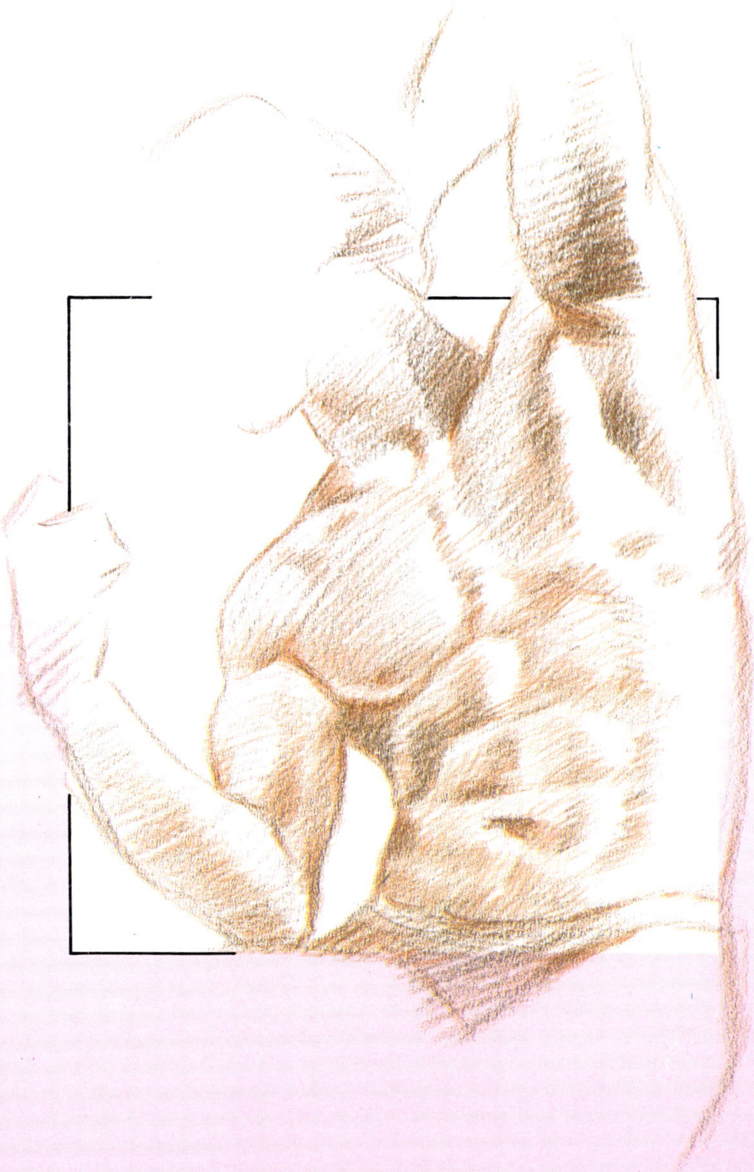

Untersuchung der Körperteile

Der Rumpf, Michelangelos wichtigster Körperteil

Michelangelo maß der Zeichnung des Rumpfes eine hervorragende Bedeutung bei. „Untersucht man eine größere Anzahl seiner Skizzen", erklärt Professor Stratz, „stellt man unschwer fest, daß Michelangelo nicht mit dem Kopf, sondern mit dem Rumpf begann. In seinen Studien des Körpers sind die Hände, die Füße und der Kopf meistens nur mit einfachen Linien angedeutet, während der Rumpf bis in die kleinsten Einzelheiten ausgearbeitet ist."

Michelangelos Vorliebe für diese Körperpartie ist leicht verständlich, da er sich als wahrer Anatom auf den Ursprung der Bewegung konzentrieren wollte, und das ist der Rumpf. Ihm waren die Rumpf- und Gliedermuskeln am wichtigsten, denn diese lassen sich drehen, beugen und strecken. Die beweglichsten Körperteile, also der Kopf, die Hände und die Füße, waren für ihn nur von sekundärem Interesse.

Sie können selber feststellen, daß die restlichen Glieder keine Schwierigkeiten mehr machen, nachdem der Aufbau und die Ausarbeitung des Rumpfes korrekt sind. Widmen Sie daher dem Studium des Rumpfes viel Zeit. Zeichnen Sie ihn von vorn, im Profil, in der Taille vor- und zurückgebeugt, zur Seite geneigt und im Sitzen. Seien Sie Ihr eigenes Modell, indem Sie sich vor einen Spiegel setzen. Oder bitten Sie einen Freund, für Sie zu posieren.

158

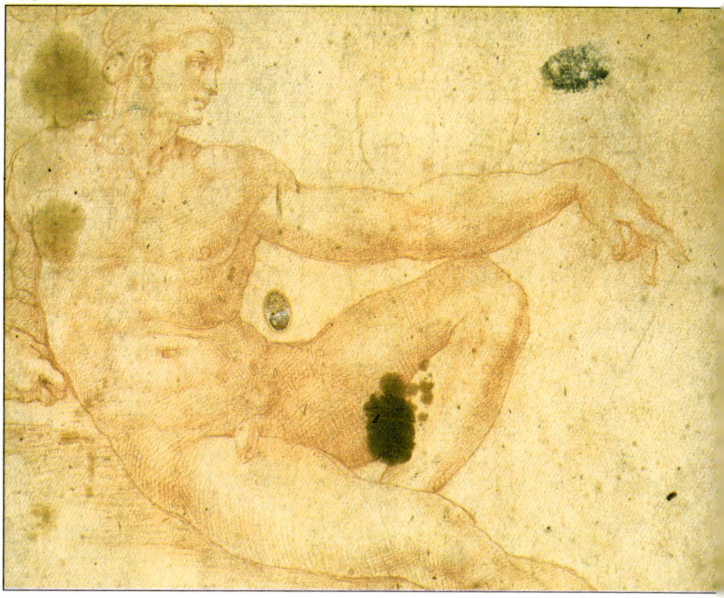

159

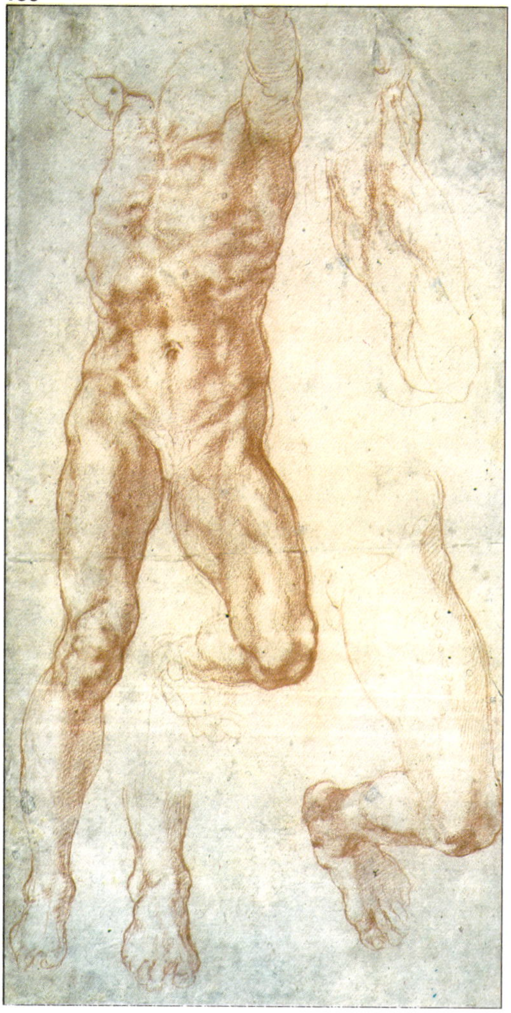

Abb. 158 bis 159: Michelangelo (1475–1564): „Studie für Adam" und „Vier Studien eines Gekreuzigten", Rötelzeichnungen, British Museum, London. Studien von Torsos, Füßen und als Extrathema Zeichnungen von Händen und Füßen des großen Malers der Sixtinischen Kapelle. Ein klarer Beweis für die Notwendigkeit, diese Körperteile des Menschen zu untersuchen.

160

Abb. 160: Zeichnen Sie Studien von Torsos wie diese mit Hilfe eines Verwandten oder Freundes als Modell... Notfalls können Sie diese Zeichnungen auch kopieren, um damit Ihre Kenntnisse in der Anatomie des Torsos zu festigen.

Arme und Beine: vier muskulöse Zylinder

Nirgends gilt der Grundsatz, daß der menschliche Körper aus lauter Zylindern zusammengesetzt ist, stärker als für die Arme und Beine. Arme und Beine sind in der Tat nichts anderes als Zylinder mit einer entsprechenden Muskulatur und an manchen Stellen einem knochigen Aussehen. Diese Struktur muß man kennen, um auf der Grundlage einzelner Zylinder die gewünschte Form zu erreichen. Betrachten Sie Abbildung 161 mit den Studien der Arme und Beine, die ich selbst angefertigt habe, und untersuchen Sie in jedem Einzelfall die Lage und die Form der Muskeln. Beachten Sie in bezug auf die Ausarbeitung dieser Körperteile als äußerst wichtige Einzelheit ferner – und dies gilt natürlich auch für den Rumpf und alle anderen im wesentlichen zylindrischen Körperteile:

Die Strichrichtung folgt der Form des Zylinders und umschließt ihn.

Noch ein wichtiges Detail: Zeichnen Sie niemals die Schatten einer zylindrischen Form – Arm oder Bein – mit senkrechten Strichen, als handle es sich um einen gestreiften Kübel (so würde es nämlich aussehen). Legen Sie immer Schleifen an, die die zylindrische Form umschließen. Dasselbe gilt anschließend für das Verwischen mit dem Finger oder einem

161

Die komplizierte Form der Füße

Wischer. Beachten Sie schließlich, daß man auch mit diagonalen Strichen umzeichnen und Grautöne anlegen kann. Niemals senkrechte Striche dafür verwenden!

Hierfür können Sie sich selbst als Modell nehmen. Lassen Sie sich dafür Zeit. Ziehen Sie Ihre Schuhe aus, und stellen Sie sich vor einen beinahe senkrechten Bodenspiegel. Stützen Sie sich irgendwo auf, betrachten Sie Ihre Füße, studieren und zeichnen Sie sie. Die Form ist etwas kompliziert, besonders wenn Sie sie darstellen wollen, ohne der Eingangsskizze und dem Aufbau besondere Beachtung zu schenken.

Betrachten Sie in diesem Zusammenhang Abbildung 162 – bei manchen handelt es sich um meine eigenen Füße. Auf dieser Abbildung finden Sie ebenfalls einige Skizzen von Füßen, die mit Damen- und Herrenschuhen bekleidet sind.

Abb. 161 und 162: Diese Studien von Armen und Beinen zeigen, wie wichtig es ist, die Form mit Strichen zu umschließen. Bei Blei-, Kohle- oder Rötelstiftzeichnungen ist die normale Strichrichtung diagonal; zylindrische Formen erfordern jedoch kreisförmige Striche, die die Struktur des Modells besser ausdrücken. Zeichnen Sie ebenfalls Arme und Beine, und nehmen Sie sich selbst vor einem Spiegel als Modell.

162

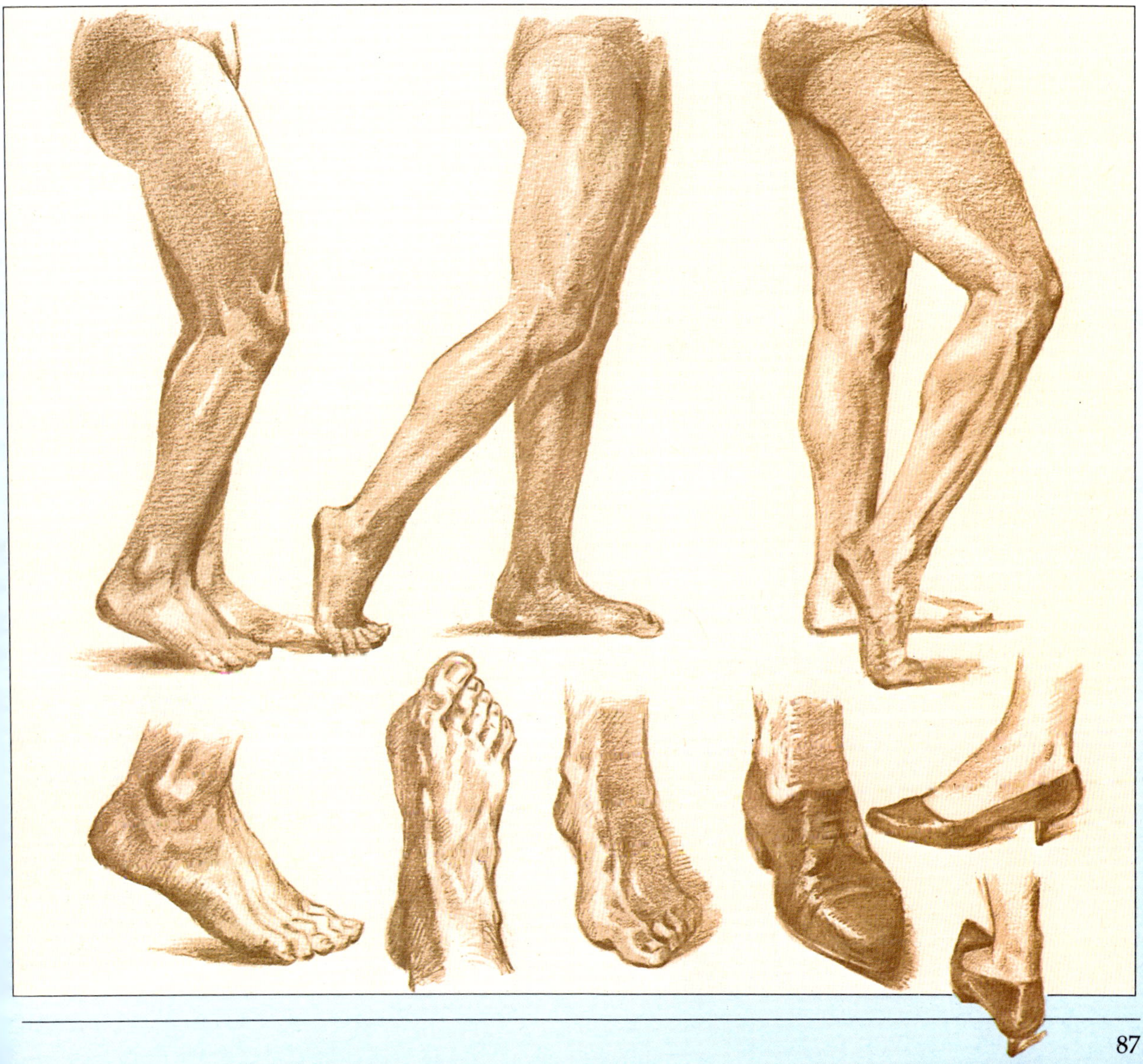

Die Hände, der schwierigste Teil des menschlichen Körpers

Abb. 163: Ich rate Ihnen, den Text aufmerksam zu lesen und sich die Illustrationen mit den Maßen und Proportionen der Finger und der Hand von allen Seiten gründlich anzusehen.

Die Hand ist jener Teil des menschlichen Körpers, der die meisten Positionen einnehmen kann. Wir sehen sie von oben und unten, von vorn und von der Seite, offen und geschlossen mit unterschiedlichen Fingerstellungen in praktisch unendlichen Posen.

Hände zu zeichnen, ist gewiß schwierig. Vielleicht haben gerade deshalb zahlreiche Künstler die Hände zu einem besonderen Bildthema gemacht.

Untersuchen wir zunächst die Idealmaße der Hand (Abb. 163) und halten fest, daß ihre Länge das Doppelte ihrer Breite beträgt. Die Handfläche ähnelt einem Quadrat. Ferner erkennen wir, daß die Länge des Mittelfingers der Hälfte der Gesamtlänge entspricht (A). Der Zeigefinger und der Ringfinger sind etwas kürzer; ihre äußeren Spitzen erreichen gerade den Nagel des Mittelfingers (B). Der kleine Finger reicht bis zum oberen Glied des Ringfingers (C). Beachten Sie ferner, daß die Daumenkuppe mit den ersten Gliedern der übrigen Finger beinahe einen perfekten Bogen bildet.

Abbildung 163 zeigt die Form und die Maße der Hand im Profil. Sie stellen fest, daß der Daumen aus dieser Sicht beinahe von vorn zu sehen ist (dagegen erscheint der Daumen bei der von vorn betrachteten Hand im Profil). Untersuchen Sie die Länge, die Lage und die Form der Falte unten an der Innenseite des Daumens (D). Sie ist sehr wichtig für die Umzeichnung dieses Teils der Hand. Vergleichen Sie diese Abbildung mit der folgenden (E). Beachten Sie die Verlagerung der Falte, wobei der Daumen im Winkel von 90 Grad abgespreizt ist.

Betrachten Sie die Form einer hohlen Handfläche. Untersuchen Sie aufmerksam die Falten und Wülste, die sich in der Haut bilden. Beobachten Sie all dies auch unmittelbar an Ihrer eigenen Hand.

163

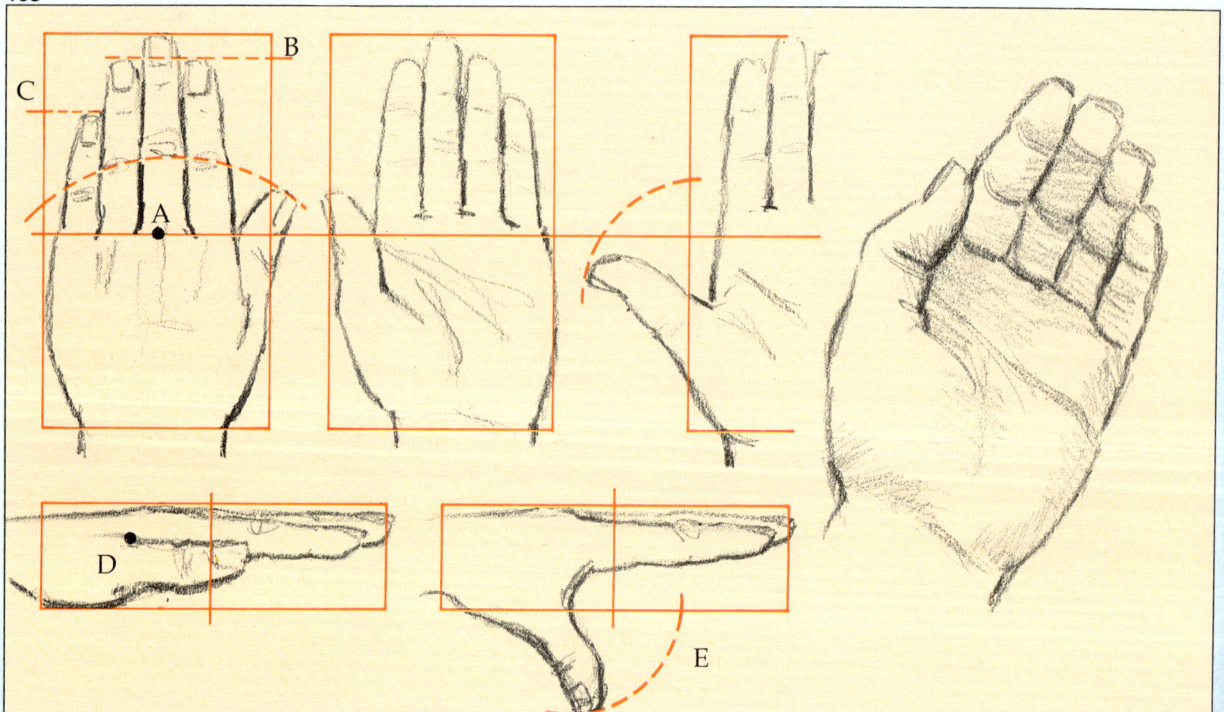

Die Anatomie der Hand

Betrachten Sie nun das Skelett der Hand. Es bestimmt zum großen Teil dessen äußeres Bild, da die Knochen an vielen Stellen unmittelbar unter der Haut liegen (Abb. 164). Beachten Sie außerdem die beiden folgenden wichtigen Punkte:

1. *Die Fingerknochen sind nur eine Verlängerung des Mittelhandknochens.*
2. *Die Lage der Fingergelenke bildet eine Reihe von parallel verlaufenden Bögen.*

Punkt eins verdeutlicht, daß die Lage der Handknochen immer in unmittelbarer Beziehung zu der der Finger steht, und zwar sowohl bei der geöffneten als auch bei der halb oder ganz geschlossenen Hand. Betrachten Sie Ihre eigene Hand: Öffnen Sie sie, schließen Sie sie. Sie erkennen, daß die Finger- und die Handknochen stets auf einer geraden Linie liegen.

Der zweite Punkt braucht nicht näher erläutert zu werden. Die grafischen Beispiele zeigen, daß die parallele Anlage auch bestehenbleibt, wenn die Hand halb oder ganz geschlossen ist (Abb. 165).

Halten Sie sich an diese Regel, um gute Skizzen von den Händen zu erhalten. Nehmen Sie sich vor allem die Berechnung der Maße und Proportionen zu Herzen, denn darauf allein gründet sich der Erfolg Ihres Unterfangens. Fertigen Sie zahlreiche Handskizzen an. Wählen Sie Ihre eigene Linke in unterschiedlichen Posen als Modell, während Sie mit der Rechten arbeiten. Nehmen Sie einen Spiegel zur Hilfe, um die höchstmögliche Anzahl von Posen zu erreichen.

164

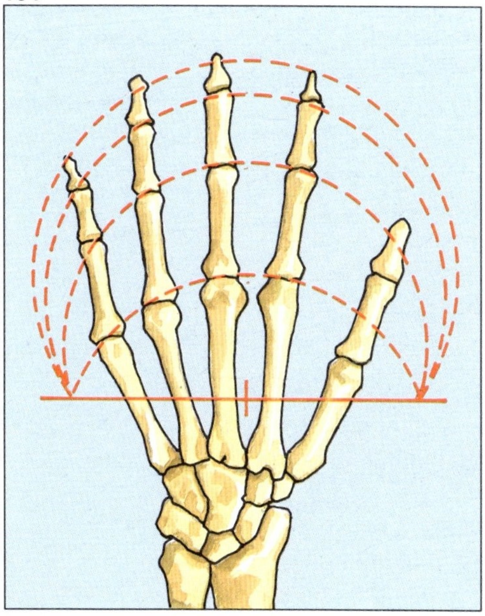

165

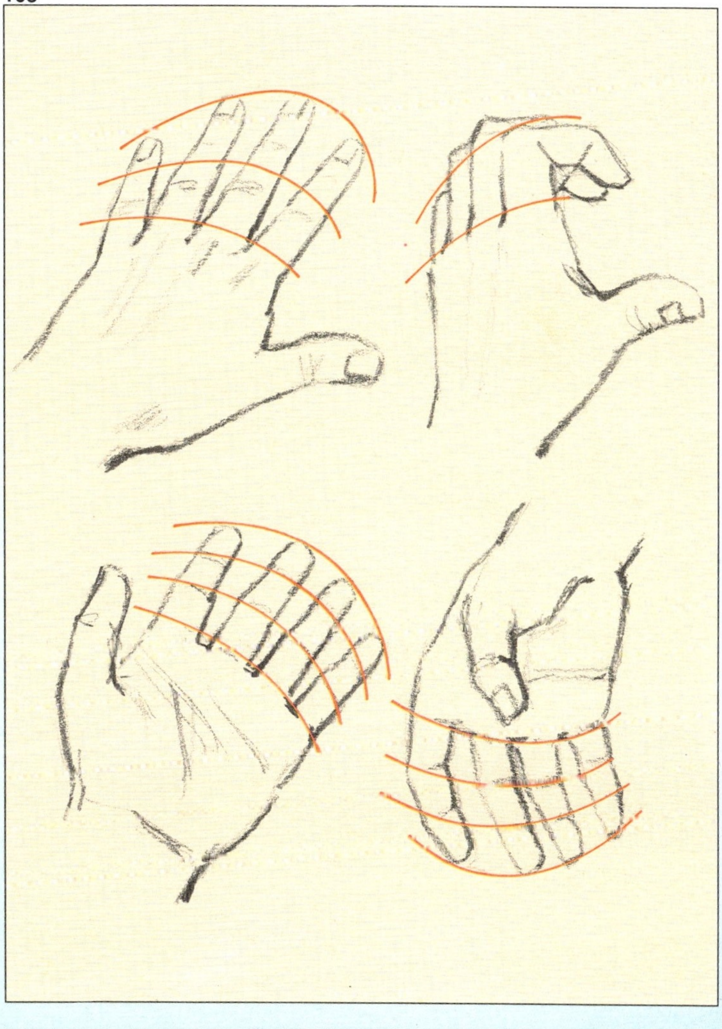

Abb. 164: Das äußere Bild der Hand wird zum großen Teil von seinem Skelett bestimmt: Die Fingerglieder und -gelenke bilden parallele symmetrische Bögen.

Abb. 165: Ganz gleich, wie man die Hand hält, die Lage der Handknöchel muß immer in Zusammenhang mit den Fingerknöcheln und den symmetrischen Bögen von Abbildung 164 gesehen werden.

Zeichnen Sie Ihre eigenen Hände

Abb. 166: Zeichnen Sie Hände, Ihre Hände. Ihre linke Hand, während Sie mit der rechten zeichnen, oder Ihre rechte Hand, im Spiegel gesehen. Stellen Sie einen Spiegel auf Ihren Arbeitstisch, und entdecken Sie neue überraschende Posen, damit das Zeichnen Spaß macht.

Beachten Sie schließlich, daß ich beim Ausarbeiten der Hände die Formen mit zylindrischen Strichen umschlossen und mit dem Wischer entsprechend verwischt habe. Das Volumen wurde mit Hilfe von „Buckeln" und Lichtreflexen erzeugt.

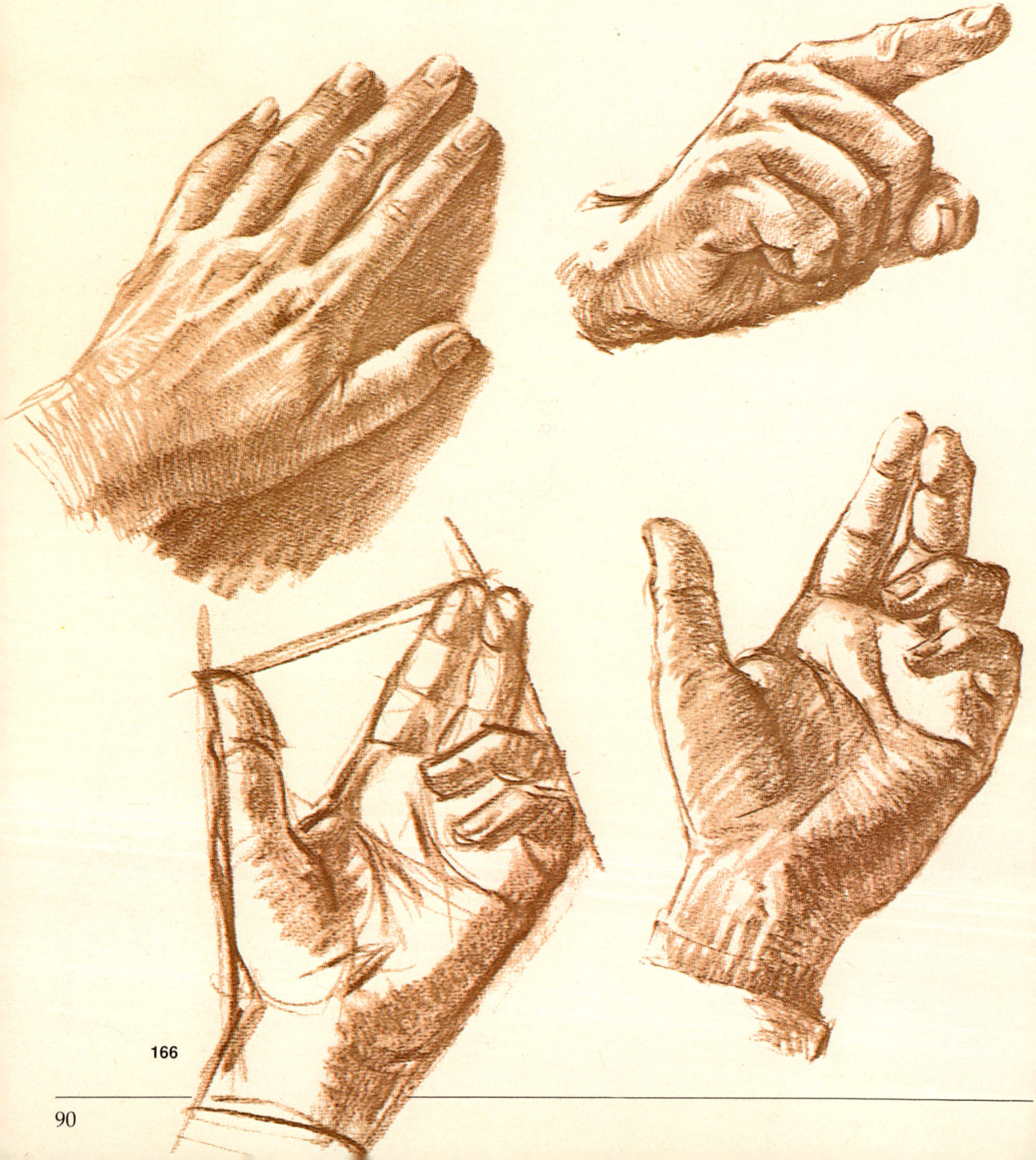

166

Faltenwürfe und Kleidung

Abb. 167: Das linke Tuch entspricht einem Bettlaken, das rechte einem Tischtuch. Ich rate Ihnen, zahlreiche unterschiedliche Stoffarten zu zeichnen und deren Struktur wiederzugeben.

Beim Zeichnen mit einem Modell und mehr noch bei der Arbeit aus dem Gedächtnis müssen Sie häufig die Kleidung an einer oder mehreren Gestalten mit all ihren Problemen der Struktur, der Falten und Faltenwürfe, der Anpassung des Stoffes an den Körper etc. wiedergeben. Es kommt zum Beispiel häufig vor, daß ein Künstler beim Zeichnen oder Malen eines Porträts im Ärmel des Modells ganz bestimmte Falten entdeckt. Am nächsten Tag – in der nächsten Sitzung – sehen diese Falten plötzlich ganz anders aus. Dann muß der Künstler auf sein Gedächtnis und seine Kenntnisse über Faltenwürfe und Kleidungsstücke zurückgreifen.

Praktische Übung zum Studium von Stoffen und Faltenwürfen

Unsere Untersuchung von Faltenwürfen besteht im Zeichnen unterschiedlicher Stoffarten, die auf ebenfalls unterschiedliche Weise auf einem Tisch oder einem Stuhl drapiert werden oder an der Wand hängen.

Dabei gilt es vor allem, das nicht ganz einfache Problem des Volumens und der Gestaltung zu lösen. Das Problem ist zwar alt, aber immer noch interessant. Gleichzeitig haben Sie die Möglichkeit, jeweils das Aussehen bzw. die Struktur des entsprechenden Stoffes zu untersuchen und so genau wiederzugeben, daß man bereits anhand der Skizze erkennt, ob es sich um Baumwolle, grobe Wolle, glänzende Seide etc. handelt. Abbildung 167 zeigt ein Laken und ein Tischtuch, das ich selber gezeichnet habe; das erste mit Bleistift, das zweite mit Zeichenkohle.

Nehmen Sie also einen Stuhl oder einen Tisch, und breiten Sie Ihr Modell darauf aus. Untersuchen Sie die geeignetste Beleuchtung und...

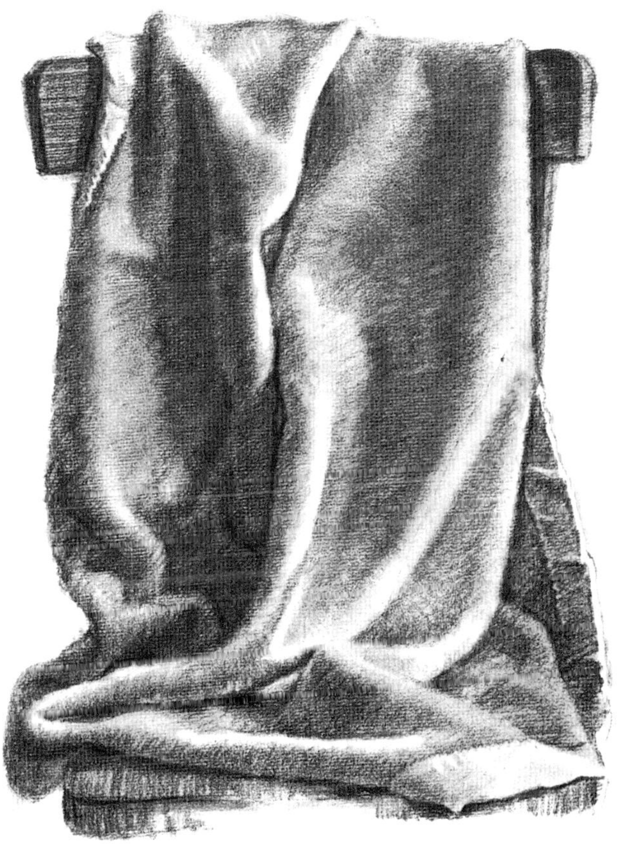

167

Praktische Übung mit Stoffen und Faltenwürfen

Abb. 168 bis 170: Bereiten Sie Ihr Modell entsprechend den Angaben auf den Abbildungen vor.

Abb. 171A und B: Hier sehen Sie die Eingangszeichnung und das fertige Ergebnis dieser Übung mit dem Faltenwurf eines Tuches.

Zunächst einige allgemeine Regeln und Ratschläge:

1. Arbeiten Sie nach Möglichkeit bei Kunstlicht, auf jeden Fall jedoch mit einer seitlich frontalen Lichtquelle, um ein Maximum an Tiefenwirkung zu erreichen.
2. Wählen Sie nach Möglichkeit sehr unterschiedliche Stoffe, zum Beispiel ein Bettuch aus Baumwolle, eine dikke, fellartige Wolldecke, ein Stück Satin oder Seide etc.
3. Bügeln Sie die Stoffe vorab.

Und nun an die Arbeit, um zeichnend zeichnen zu lernen.

Besorgen Sie sich einen weißen Stoffrest von etwa 30 x 50 cm. Bügeln Sie ihn, und befestigen Sie ihn mit zwei Heftzwecken an einer weißen Wand (Abb. 168). Falten Sie den Stoff nach hinten, durchstechen Sie ihn mit einer dritten Heftzwecke (Abb. 169), heben Sie diese Heftzwecke nach Punkt B und drücken Sie sie so in die Wand (Abb. 170), daß Sie einen Faltenwurf ähnlich dem auf Abbildung 171 erhalten. Damit haben Sie bereits das Modell, mit dem ich selbst gezeichnet habe.

168

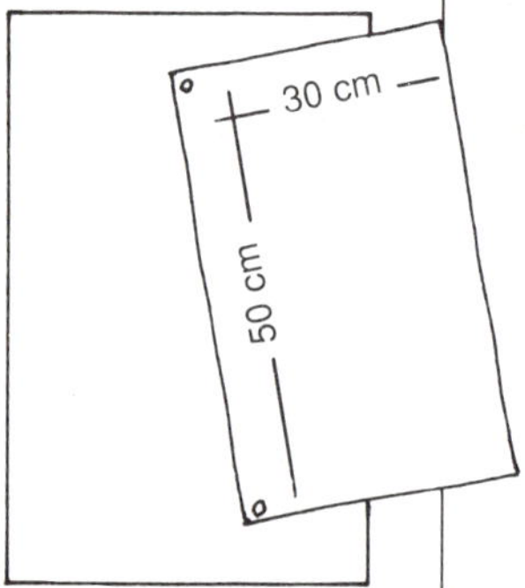

169

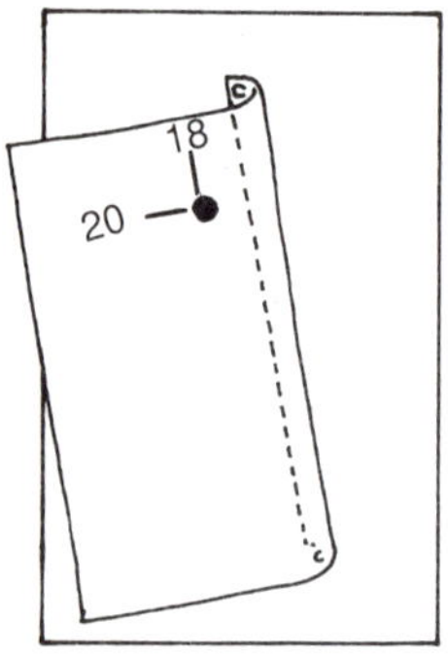

170

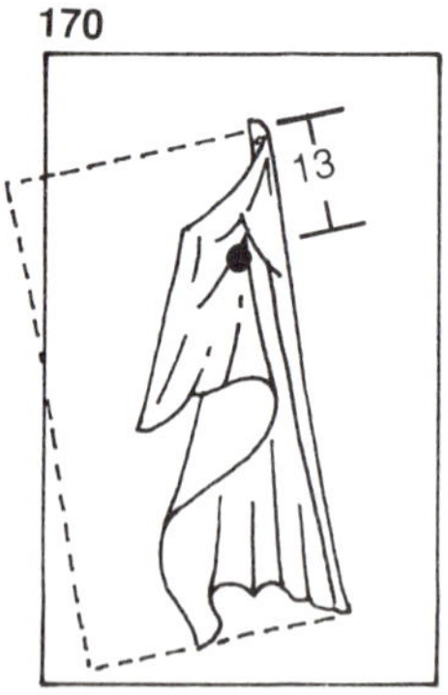

171

Untersuchung der Falten in der Kleidung

172

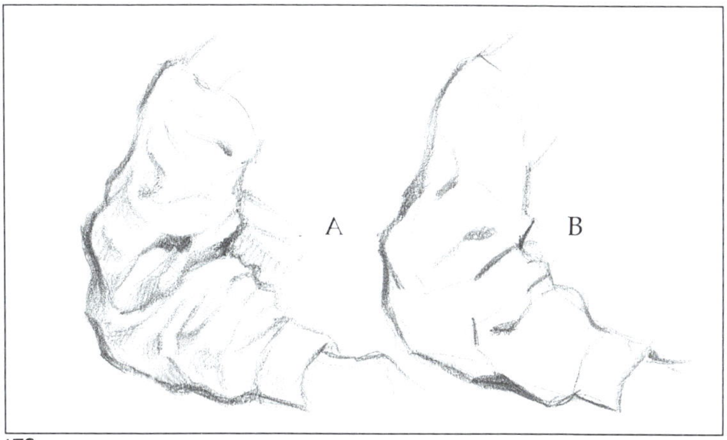

173

Wir müssen wissen, wie die typischen Falten der Kleidung im allgemeinen verlaufen, und sollten deren Formen soweit wie möglich vereinfachen. Als Beispiel dafür wählen wir die Falten, die sich beim Beugen des Arms in einem Ärmel bilden. Hält man sich daran, was einem das Modell „sagt", kommt man zweifellos zu dem Schluß, daß es wirklich schwierig ist, all die mehr oder weniger stark ausgeprägten kleinen und großen Falten und Fältchen im Kopf zu behalten (Abb. 172 und 173A). Es geht jedoch darum, sie zu interpretieren und nur die Hauptlinien und Falten zu sehen, die tatsächlich die Beugung des Arms ausdrücken. Die Abbildungen zeigen diese vereinfachte Interpretation (Abb. 172 und 173B). Sie sehen: Das komplizierte Bild wurde auf wenige Striche reduziert, die jedoch ausreichen, um die Form des Modells an dieser Stelle verständlich zu machen. In dieses vereinfachte Schema lassen sich noch weitere Falten und Fältchen einfügen. Zunächst müssen Sie jedoch das Wesentliche erkennen, Komplikationen vermeiden und alles Unwesentliche fortlassen. Wichtig ist, daß Sie die Ursache für die Falten begreifen und immer bedenken, daß es keine Wirkung ohne Ursache gibt.

Abb. 172 und 173: Beim Zeichnen (oder Malen) einer bekleideten Gestalt aus dem Gedächtnis oder nach einem Modell benötigt man normalerweise mehr als eine Sitzung. Daher kommt es vor, daß sich die Falten in der Kleidung von einem Tag zum anderen verändern. Zur Lösung dieses Problems muß man sie vereinfachen und zusammenfassen, wie diese Illustrationen zeigen.

Keine Wirkung ohne Ursache

Wenn Sie den Arm beugen, schiebt sich der Ärmelstoff zwangsläufig zusammen und wirft an der Innenseite des Ellbogens Falten. Am Ellbogen spannt sich der Stoff, und am Ober- und Unterärmel bilden sich Querfalten. Aus demselben Grund erscheint das Armloch schräg – als zöge jemand vom Ellbogen aus am Stoff (Abb. 174). Ähnliches zeigt sich am Hosenbein bei gebeugtem Knie.
Streckt man den Arm oder das Bein aus, wird der Stoff in die Länge gezogen. Aus diesem Grund ergeben sich Querfalten, die der ausgeführten Bewegung entgegenlaufen (Abb. 176). Aus Abbildung 176 geht ebenfalls hervor, daß sich ein Jackett verzieht, wenn man den Arm hebt. Ein Revers rutscht höher, und in der Taille bildet sich bei geschlossenem Jakkett eine große Falte.
Beugt man schließlich die Taille, spannt sich der Stoff im Rücken, während er sich vorn lockert und waagerechte Falten schlägt. An den Seiten entstehen oben und unten Querfalten, die zum Mittelknopf zusammenlaufen.

Ein Trick: Bekleiden Sie die Gestalt selbst
Alle diese Bewegungen und das Spannen des Stoffes – auch die Proportionen der Kleidung – sind manchmal besser zu erkennen, wenn man von der unbekleideten Gestalt ausgeht. Das ist ein uralter Trick. Viele Berufskünstler wenden ihn an, wenn sie eine Gestalt aus dem Gedächtnis zeichnen. Vergessen Sie diese Möglichkeit nicht. Es reicht, wenn Sie die Gestalt mit wenigen feinen Strichen nackt skizzieren und sie anschließend bekleiden. Auf diese Weise können Sie die Falten, die sich aufgrund der Bewegung der Glieder bilden, besser untersuchen (Abb. 178).

174

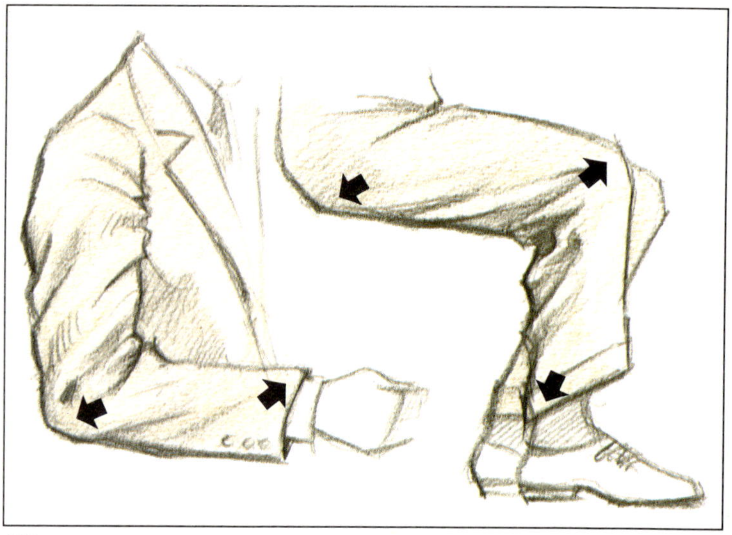

175

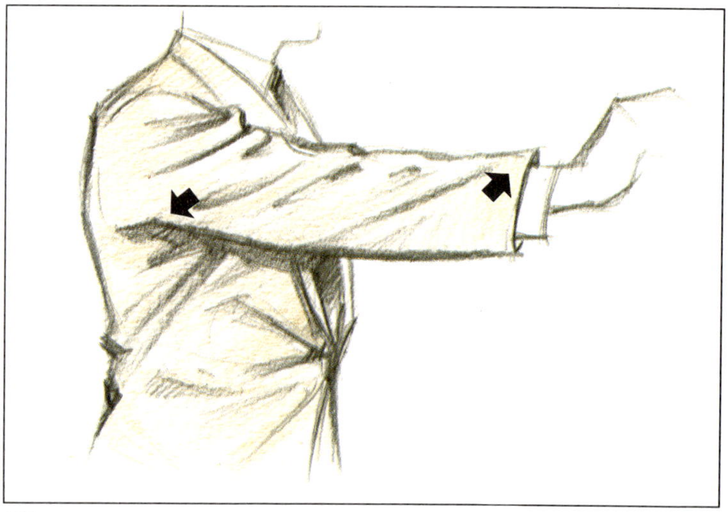

176

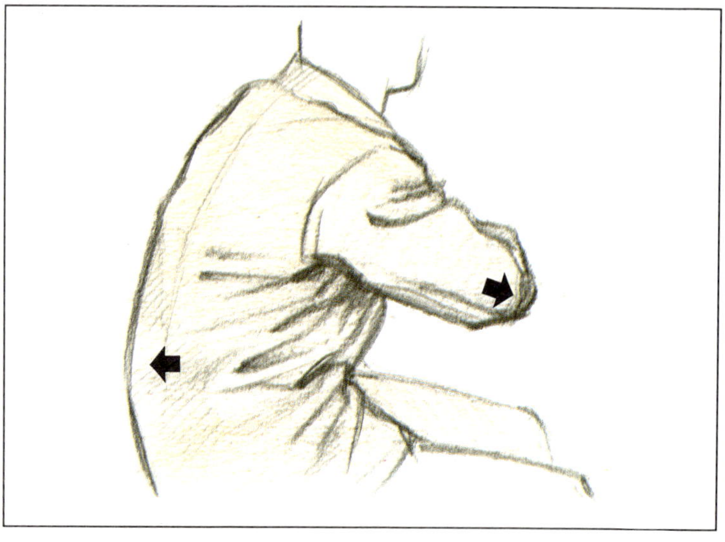

Ein Trick: Bekleiden Sie die Gestalt selbst

177

Abb. 174 bis 176: Keine Wirkung ohne Ursache. Beugt man Arm oder Bein, streckt oder zieht man den Arm an, bilden sich in der Kleidung, im Ärmel oder Hosenbein eine Reihe von Falten. Analysiert man deren Ursache, ist deren Erscheinungsbild leicht zu begreifen und zu zeichnen, und zwar sowohl aus dem Gedächtnis als auch nach einem Modell.

Abb. 177 und 178: Schon immer begannen Künstler eine bekleidete Gestalt zunächst mit einer Skizze des unbekleideten Körpers. Das erleichtert die Anpassung der Kleidung an den Körper, die Proportionen sind einfacher zu berechnen, und die Zeichnung der Falten und Faltenwürfe wird genauer.

178

Befassen wir uns nun mit dem Figurenzeichnen in der Praxis, und verfolgen wir Schritt für Schritt die Herstellung der Skizze eines bekleideten und eines unbekleideten Mannes sowie zweier weiblicher Akte. Hinzu kommt die Beschreibung des Materials, der Hilfsmittel und des Vorgehens beim Zeichnen eines Aktes. All dies wird dargestellt anhand zweier Skizzen mit Zeichenkohle auf weißem Papier, einer Studie mit den neueren Vollminen und zum Abschluß mit einer ausführlichen Beschreibung der schrittweisen Anfertigung einer sogenannten Zeichnung „à trois crayons". Wir fassen in diesem Kapitel also noch einmal alles zusammen, was wir über das Figurenzeichnen gelernt haben.

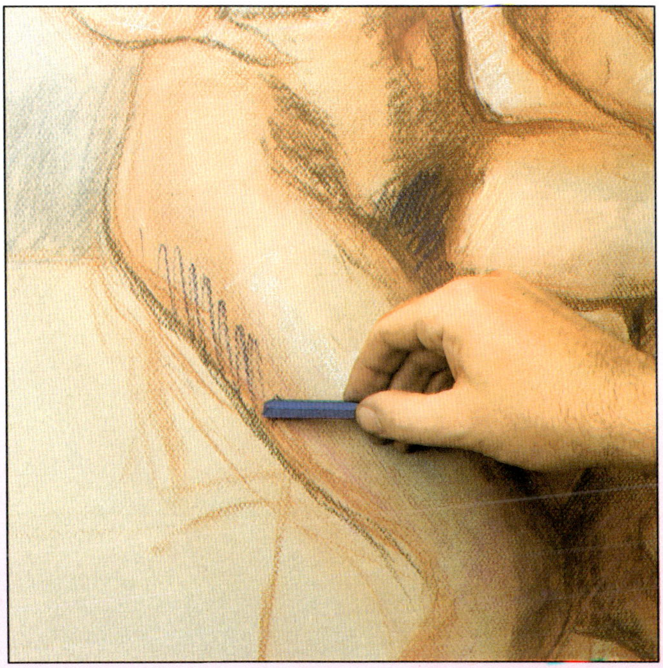

179

Das Figuren-
zeichnen
in der Praxis

Kohleskizze einer bekleideten Gestalt

Als Zusammenfassung des Inhalts der vorigen Seiten werden wir nun einige Gestalten nach einem Modell zeichnen und dafür jedesmal ein anderes Material und eine andere Technik verwenden. Bei den beiden ersten Zeichnungen handelt es sich um Skizzen, bei den beiden anderen um fertige Arbeiten.

Als erstes werde ich eine bekleidete männliche Gestalt zeichnen. Das Modell und die Pose sehen Sie auf den Abbildungen 181 und 182. Letztere habe ich vorab untersucht, da schon eine geringe Veränderung der Haltung des Kopfes, des Körpers, der Hände etc. das Ergebnis verbessern kann, wie anhand dieses Beispiels zu sehen.

180

Abb. 180: José M. Parramón, der Autor dieses Buches, beim Zeichnen einer der Skizzen für diesen letzten Teil.

Abb. 181 und 182: Beim Zeichnen nach einem Modell hat man immer die Möglichkeit, die ursprünglich gewählte Pose zu verbessern, indem man die Haltung des Kopfes, der Hände etc. verändert.

181

182

184

183

Abb. 183 bis 187: Mit Zeichenkohle kann man rasch Striche ziehen und schwärzen und eine Skizze daher in kürzester Zeit anlegen und beenden. Dies nutzt der Künstler aus, wenn er Umrisse, Begrenzungen sowie Licht und Schatten löst, von Anfang an Grautöne und Abstufungen anlegt und die Grundformen des Modells darstellt.

5

186

187

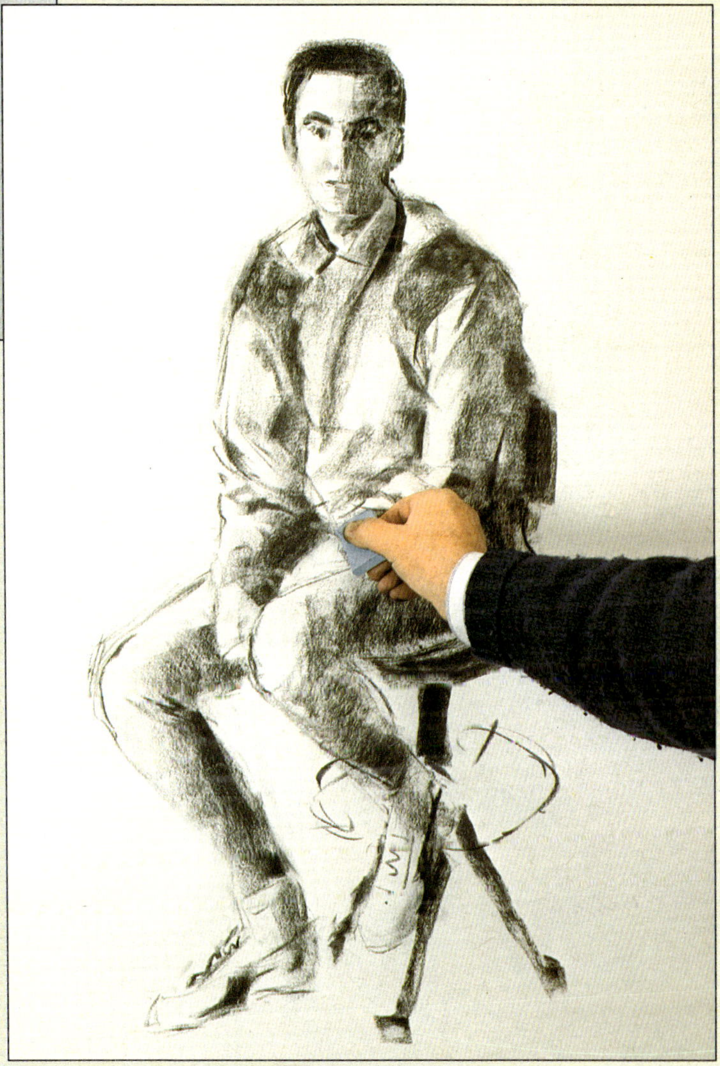

ie Skizze wurde auf Büttenpapier von
x 110 cm mit Zeichenkohle angefer-
gt. Die Grautöne und Abstufungen
tstanden mit einem flach aufgelegten
ückchen und breiten Strichen ohne
erwischen. Der Druck wurde genau
ntrolliert und ist stärker bei den dunk-
n und entsprechend schwächer bei den
llen Zonen, wie aus den Abbildungen
er die Herstellung hervorgeht. In die-
m Fall handelt es sich um eine lineare
izze, bei der ich bereits mit Beginn der
sten Striche die Gestaltung und das
iel von Licht und Schatten angedeutet
d ständig, ohne mich in Einzelheiten
verlieren, alles gleichzeitig skizziert
be.

Kohleskizze einer unbekleideten Gestalt

Als nächstes werde ich eine unbekleidete männliche Gestalt ebenfalls mit Kohle zeichnen, diese jedoch zusätzlich mit den Fingern verwischen und mit Hilfe eines knetbaren Radiergummis Licht, Weißtöne, Spitzlichter etc. wieder hervorholen. Beachten Sie, daß ich wie immer und insbesondere in diesem Fall zunächst die einzelnen Linien des achtköpfigen Kanons gezeichnet habe (Abb. 189). Anschließend habe ich ein lineares Schema der Gestalt angelegt und dabei gleichzeitig die Formen sowie das Spiel von Licht und Schatten angegeben. Das dritte Stadium dieser Skizze (Abb. 192) zeigt die Patina – oder den Grauschleier –, der etliche beleuchtete Zonen des Modells „verschmutzt". In den folgenden Abbildungen 193 und 194 tritt der Radiergummi in Aktion, mit dem ich die beleuchteten Stellen zeichne und betone, um den bestmöglichen Kontrast zu erzielen.

188

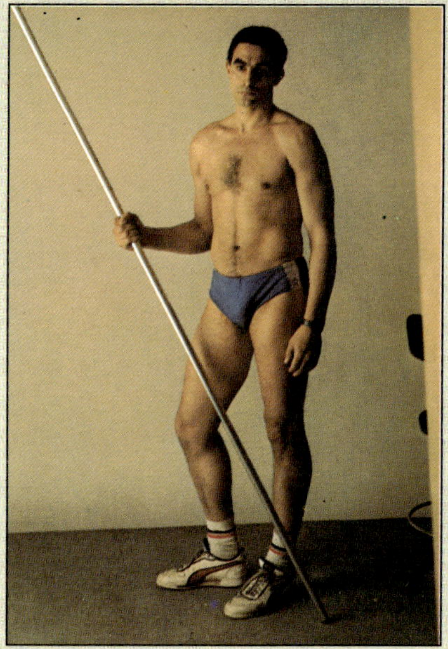

Abb. 188 und 189: Da
Modell posiert für eine
stehenden Akt, so da
man den erlernten Kano
beim Zeichnen in die Pra
xis umsetzen kann.

Abb. 190 bis 194: Auf de
Grundlage der schemat
schen Zeichnung vo
Abbildung 189 läßt sic
die Skizze mit Hilfe de
Zeichenkohle, der Finge
und dem Radiergumn
rasch bis zum Endergeb
nis von Abbildung 19
weiterentwickeln.

189

190

91

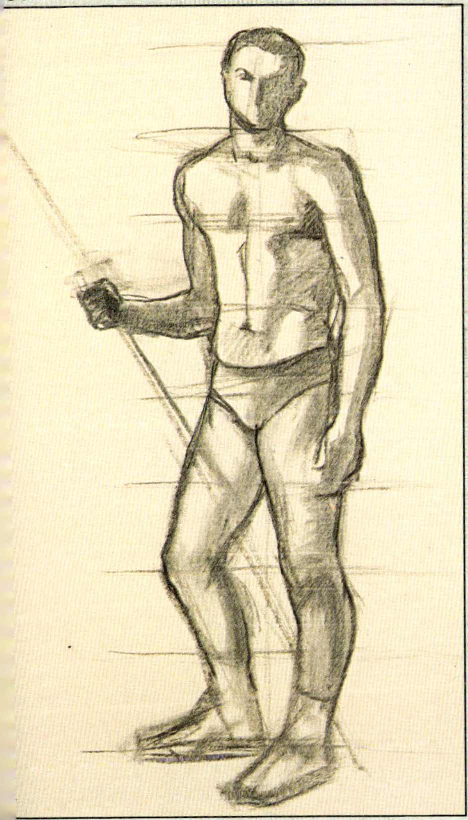

92

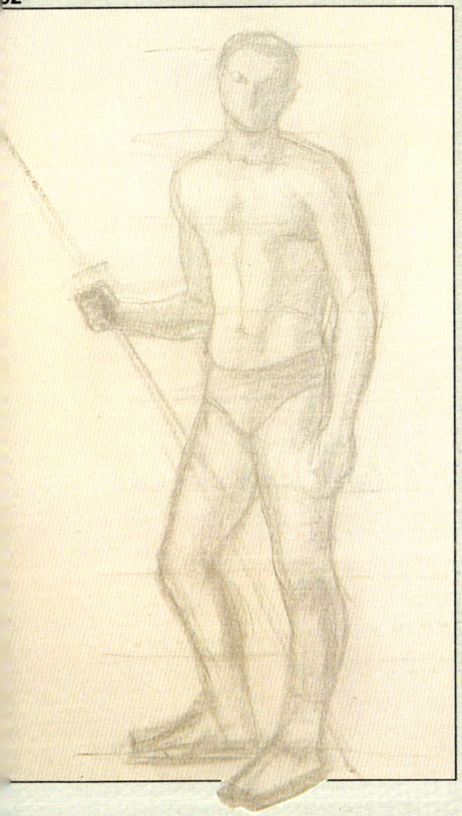

193

194

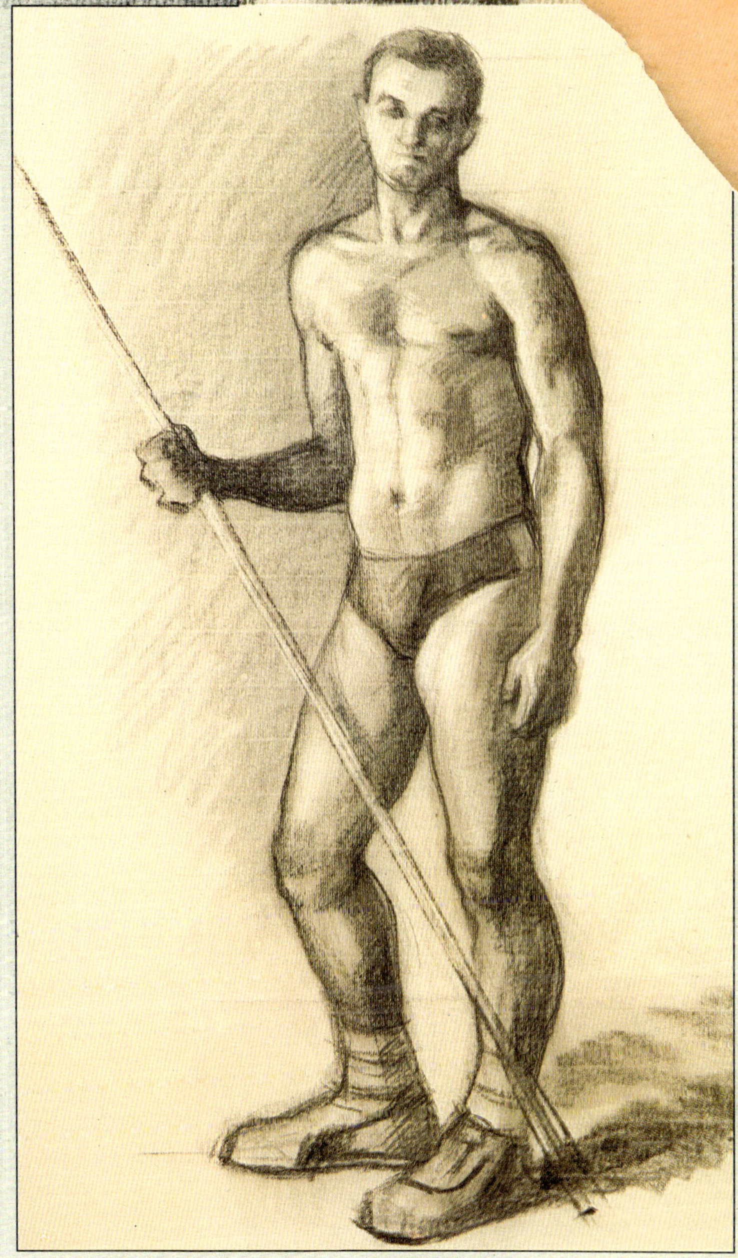

Ein weiblicher Akt mit Bleistift

Jetzt werde ich einen weiblichen Akt als ausgearbeitete Zeichnung anfertigen und verwende dafür ein Blatt Papier von Schoeller mit feinem Korn und einen Bleistift HB für die Eingangszeichnung sowie zwei Vollminen 3B und 6B für die Anlage der Schatten. Ich verwische die Zeichnung mit den Fingern sowie mit einem sehr feinen Wischer für kleine Details und benutze außerdem einen knetbaren Radiergummi zum Zeichnen und Öffnen von Weiß und Spitzlichtern. Wie die Abbildungen 196 und 197 zeigen, besitzt die Pose die Form eines Rechtecks und muß der Höhe von vier Köpfen entsprechen.

Mit dem Stift HB zeichne ich zunächst ein lineares Schema und schattiere die Zeichnung anschließend mit der Vollmine 3B mit gleichmäßigen, gleichförmigen Strichen, ohne sie bereits zu verwischen. Anschließend beginne ich mit dem Verwischen mit den Fingern, schwärze mit den Vollminen 3B und 6B, retuschiere und verwische kleine Details, zeichne mit dem Radiergummi, um Töne aufzuhellen, Weiß und Spitzlichter hervorzuholen etc. Das Endergebnis (Abb. 204) zeigt uns die außerordentlichen künstlerischen Möglichkeiten des Bleistifts.

196

197

198

195

Abb. 195: Mit diesem Ma terial habe ich gearbeitet Bleistift HB für die Ein gangszeichnung, zwe Vollminen 3B und 6B dünner Wischer für klei ne Flächen und knetba rer Radiergummi.

199

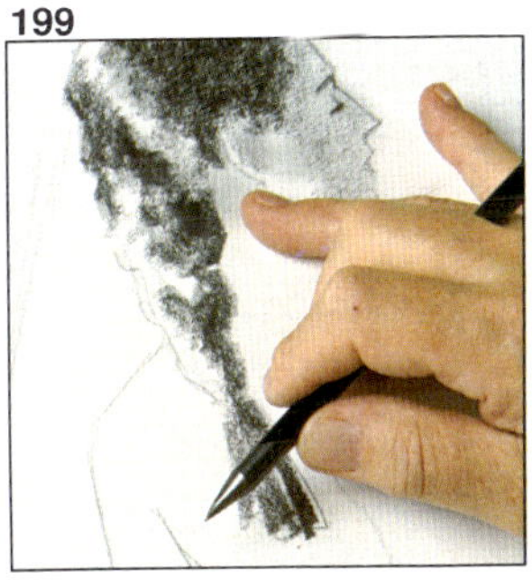

200

203

201

202

204

Abb. 196 und 197: Die Pose des Modells entspricht einem Dreieck und einer Höhe von vier Köpfen, gemessen von der Oberkante des Schädels bis zum Schambein.

Abb. 198: Vervollkommnung des Eingangsschemas und der Schatten mit gleichförmigen Strichen, die sich anschließend gleichmäßig verwischen lassen.

Abb. 199 bis 202: Hier vier Stadien der Ausarbeitung des Kopfes, bei dem ich abwechselnd mit Bleistiftschwärze und mit den Fingern sowie mit dem dünnen Wischer aus Zeitungspapier bei kleinen Flächen verwische.

Abb. 203: Der knetbare Radiergummi läßt sich so formen, daß man mit ihm winzige weiße Stellen öffnen kann.

Abb. 204: Der außerordentliche Nuancenreichtum einer Bleistiftzeichnung ist an dieser Arbeit zu erkennen, die in zwei Sitzungen von insgesamt fünf Stunden angefertigt wurde.

Ein weiblicher Akt nach einem Modell

205

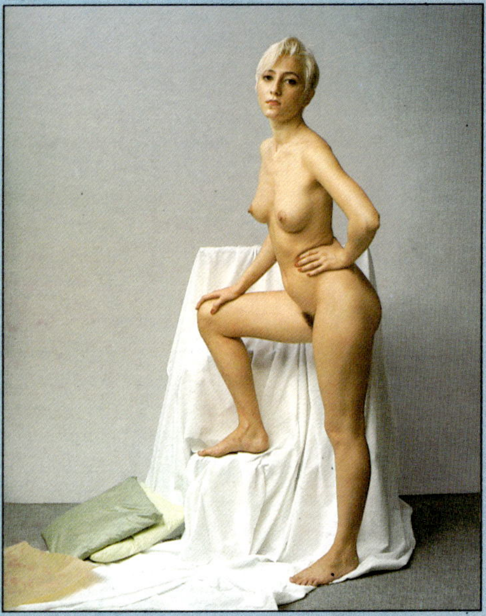

206

Abb. 209 und 210: Die erste Skizze in Sepia auf cremefarbenem Papier.

Abb. 211 und 212: Anschließend zeichnet Ferrón eine zweite Skizze mit Rötel auf weißem Papier und wählt diese Pose für seine endgültige Zeichnung, mit der er auf der folgenden Seite beginnt.

Unser Gastkünstler, Miquel Ferrón, ist Professor der schönen Künste. Er wird für dieses Buch einen weiblichen Akt nach einem Modell zeichnen.
Ferrón untersucht zunächst die geeignetste Pose und zeichnet dafür zwei Skizzen, eine mit Sepiakreide auf cremefarbenem Papier, die zweite mit Rötelkreide auf weißem Papier. Beide Zeichenblätter sind 50 x 65 cm groß. (Das verwendete Material sehen Sie auf Abbildung 207 nebenan.)
Beachten Sie, daß Ferrón zur Festlegung der Maße und Proportionen seine Skizzen jeweils mit einer Reihe von Strichen beginnt, die dem Kanon der acht Köpfe entsprechen. Anschließend überprüft er die Berechnung der Maße und Proportionen, indem er sie mit ausgestrecktem Arm und einem Stift nachmißt. Abbildung 208 auf der folgenden Seite zeigt dieses alte Verfahren.

207

Abb. 207: Dieses Material hat Ferrón für die Skizzen und die endgültige Zeichnung verwendet; ein Pastellfarbensortiment von Caran D'Ache, einen knetbaren Radiergummi, einen Lappen und einen Wischer. Seine Grundfarben sind jedoch Schwarz, Sepia und Rötel.

Abb. 205 und 206: Untersuchung der Pose. Unser Gastkünstler Miquel Ferrón bittet das Modell um mehrere Posen und skizziert zwei davon, um die geeignetste auszuwählen.

Abb. 208: Ferrón berechnet die Abstände mit einem alten Trick und überträgt die Kopfhöhe mit Hilfe eines Bleistifts als Maßstab auf die anderen Körperteile.

208

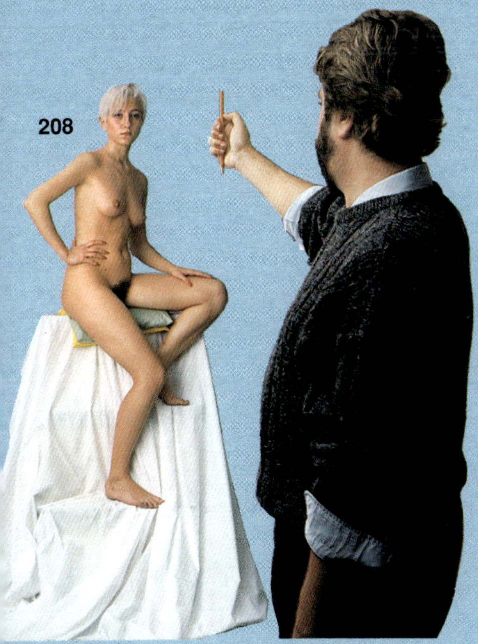

210

209

212

211

Erstes Stadium: die lineare Struktur

Ferrón beginnt mit der endgültigen Zeichnung. Er arbeitet etwa 2,50 m vom Modell entfernt auf einer Studiostaffelei, auf der ein 120 x 80 cm großes Zeichenbrett steht. Darauf hat er ein Zeichenpapier demi-teintes in Ockergrau (Farbe 343) von Canson befestigt.

Er berechnet die Höhe und die Lage der Zeichnung auf dem Papier nach Augenmaß nach dem Kanon der acht Köpfe und zeichnet mit einem Stück Rötelkreide – eine rötliche Farbe. Abbildung 213 zeigt, wie Ferrón die Form des Kopfes mit einem einfachen Oval anlegt und die Grundstruktur der Augenbrauen und die Symmetrieachse des Gesichtes bestimmt. Ferrón benutzt den Radiergummi ausschließlich zum Zeichnen, das heißt, um helle Stellen, Weiß und Spitzlichter hervorzuholen, nicht jedoch, um etwas zu verbessern. „Ich verbiete meinen Schülern die Benutzung des Radiergummis", erklärt er, „denn ich halte ihn für schädlich, weil er den Lernprozeß behindert."

Nachdem die Eingangsstruktur fertiggestellt ist (Abb. 215), fügt Ferrón hinzu: „Außerdem können Fehler im Aufbau, in den Maßen und Proportionen auch während des weiteren Zeichnens korrigiert werden. Vorausgesetzt, es handelt sich um keine groben Fehler, bei denen man besser von vorn beginnen sollte."

213

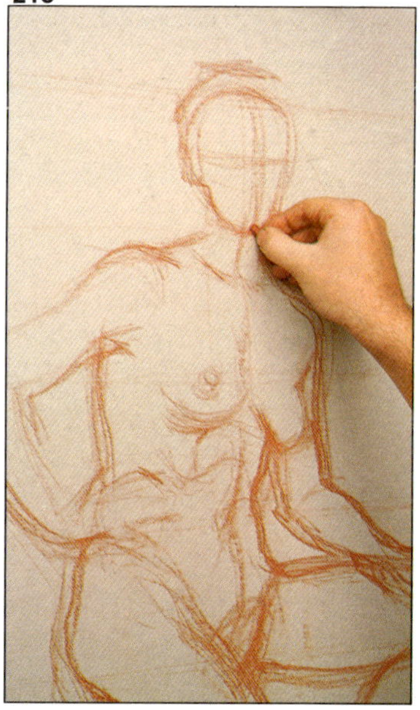

214

215

Abb. 213 bis 216: Ferrón beginnt die Zeichnung mit einem linearen Schema und verbessert die Umrisse und Begrenzungen nach und nach, bis er das erste Stadium erreicht hat, das Abbildung 215 zeigt.

216

Zweites Stadium: das Spiel von Licht und Schatten

217

Abb. 217 bis 219: Ferrón beginnt mit Rötel zu schattieren (Abb. 217) und verwischt die Stellen anschließend in großen Zügen mit einem Lappen (Abb. 218).

218

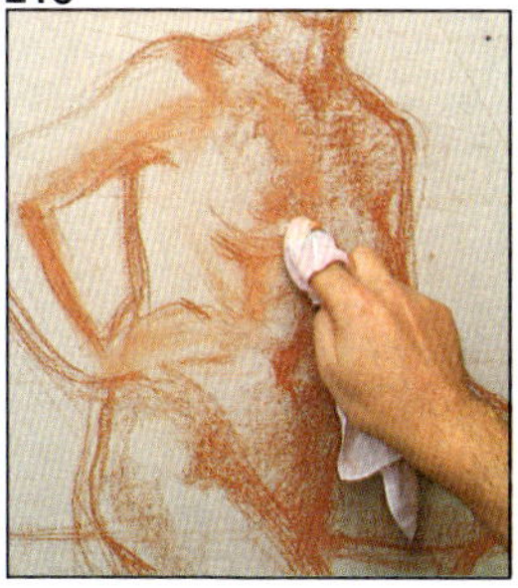

Licht und Schatten: Zunächst zeichnet Ferrón mit einem flach aufgelegten Rötelstück und verwischt den Strich anschließend mit einem Lappen, damit der ganze Körper jenen Rötelschleier erhält (Abb. 218). Ob er dabei über die Begrenzung hinausgerät, kümmert ihn wenig. Als nächstes malt er den Hintergrund neben dem Schenkel mit einem hellen Grau (Abb. 220), verwischt es und trägt ein Rosa auf, das die beleuchteten Stellen betont (Abb. 221).

219

Abb. 220 und 221: Er tönt den linken Hintergrund mit Grau, verwischt die Farbe und nimmt anschließend ein Rosa, mit dem er die beleuchteten Flächen des Modells hervorhebt.

220

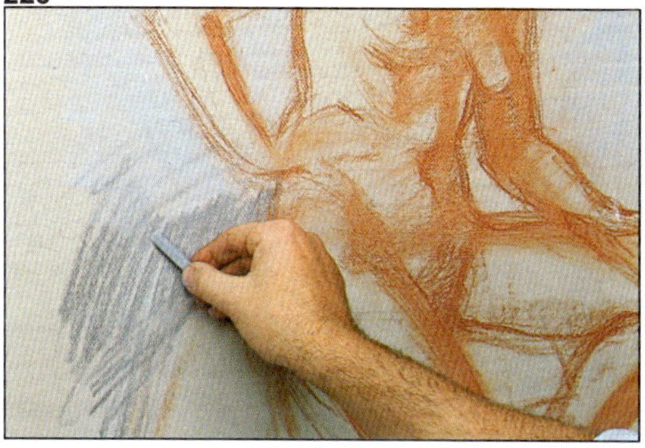

221

Drittes Stadium: der Körper

Zunächst der Oberkörper. Ferrón beginnt jetzt mit Dunkelsepia und zeichnet abwechselnd mit dieser Farbe sowie mit Rötel und Sepia. An manchen Stellen, so für das Schamhaar, den Schatten des linken Arms etc. verwendet er Schwarz. Bestimmte beleuchtete Stellen, Spitzlichter und Reflexe malt er gelegentlich mit Grau, Grün und Blau...

Ferrón ist beim Zeichnen äußerst konzentriert. Er betrachtet erst das Modell, dann die Zeichnung, zeichnet, schaut hier und da, bewegt ständig den Arm und die Hand und „malt in die Luft". Das heißt, er probiert den Strich, die Linienführung vorher aus. Anschließend fährt er plötzlich mit kontinuierlichem Strich oder wie mit einem Peitschenhieb über das Papier. Er zeichnet, verwischt, legt Farbtöne an und zieht Striche, arbeitet zügig und macht eine Pause. Er schließt die Augen zur Hälfte, entfernt sich von der Zeichnung, zeichnet mit ausgestrecktem Arm und nähert sich dem Blatt erneut, um eine Begrenzung zu umreißen oder ein Detail anzulegen. Kurz gesagt, es ist ein echtes Schauspiel.

Abb. 222 bis 224: Zum Abschatten und Anlegen der Kontraste verwendet er Dunkelsepia und arbeitet damit das Volumen der Brüste, des Rumpfs und der Arme heraus.

222

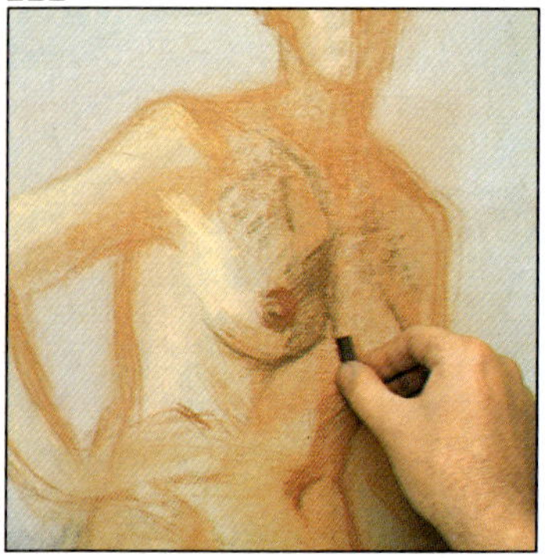

223

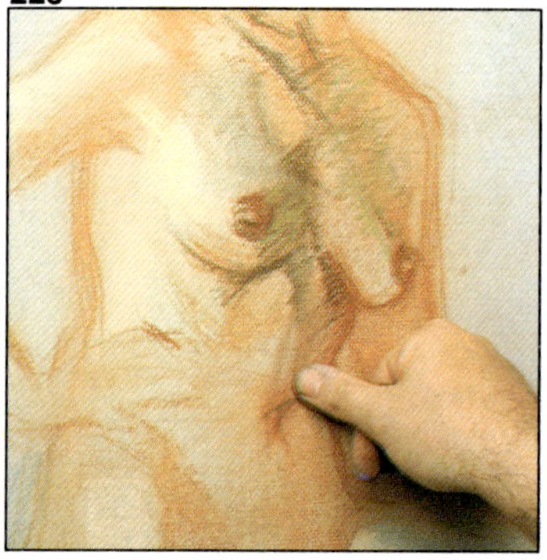

224

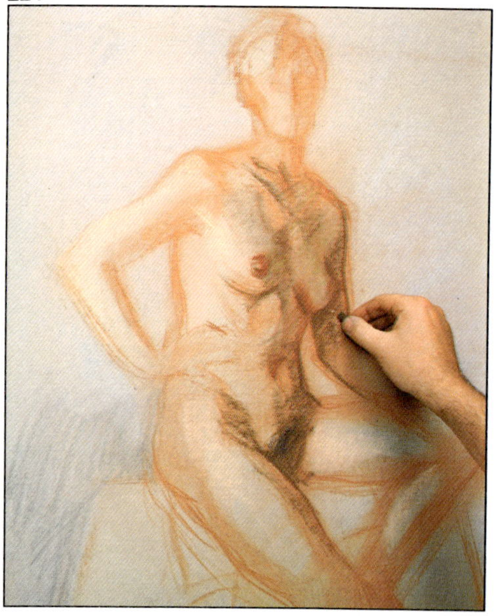

225

Abb. 225: Der Rumpf des Modells ist am Ende dieses dritten Stadiums praktisch fertig. Man erkennt die hervorragenden Fleischtöne, die mit dieser beschränkten Anzahl von Farben erreicht wurden.

Abb. 226 bis 229: Ferrón verwischt die Farbe mit dem Handrücken und einem Lappen und fügt an bestimmten beleuchteten Stellen Grau alternierend mit Rötel und Sepia hinzu, so daß die Zeichnung am Ende des vierten Stadiums mit Ausnahme des Gesichts und der Kontraste praktisch beendet ist.

226

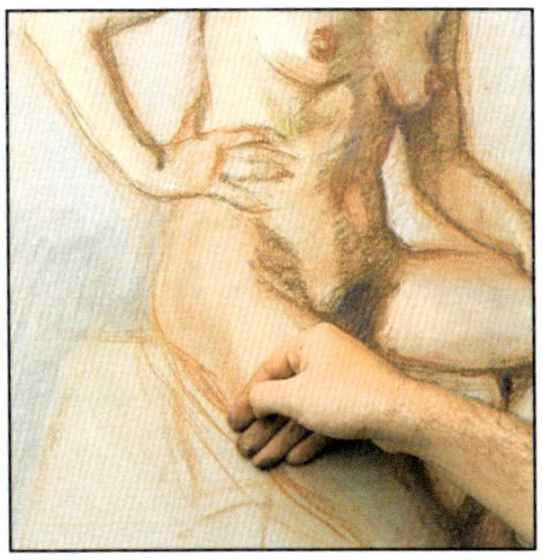

227

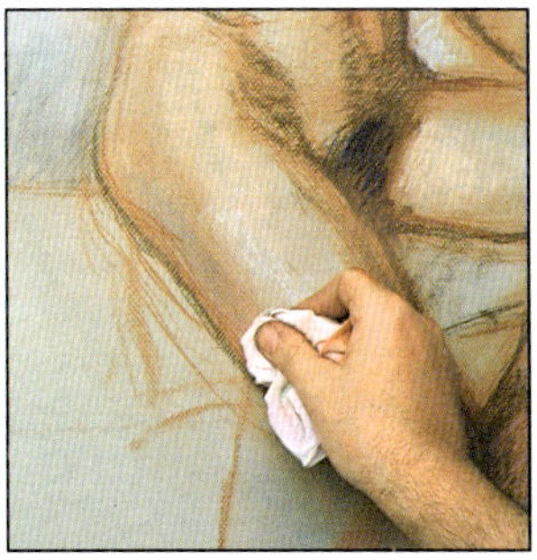

228

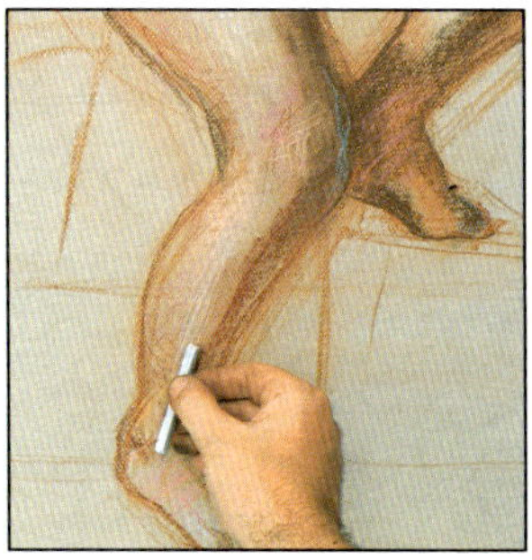

229

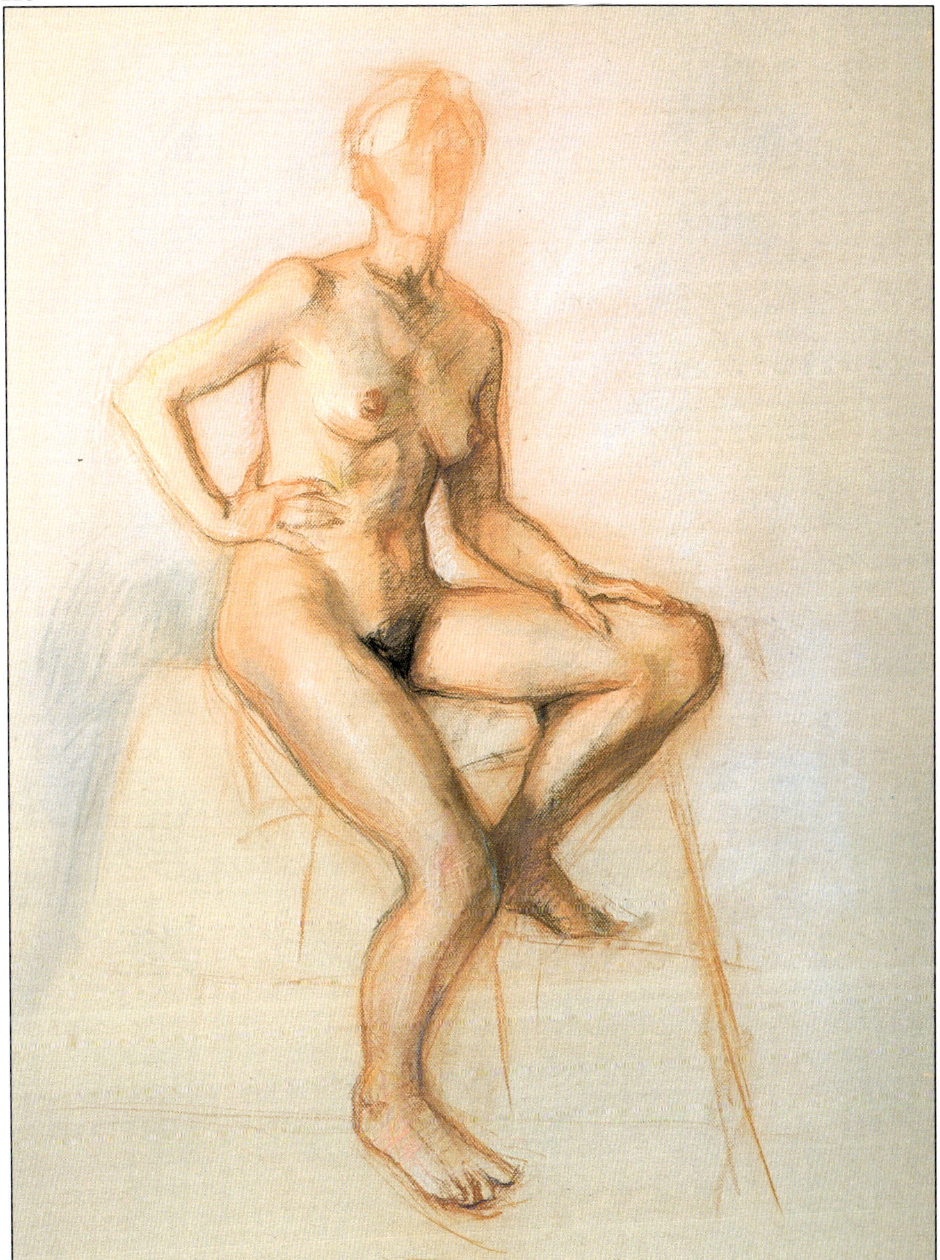

Letztes Stadium: Kopf und Abschlußarbeiten

Abb. 230 bis 233: Den Kopf zeichnet Ferrón weich und großzügig, ohne sich um kleine Details, die genaue Lage der Augenbrauen, die Wimpern, die Iris und die Pupille etc. zu kümmern. Die Ausarbeitung entspricht der restlichen Zeichnung, bei der es nicht um eine genaue Ähnlichkeit, sondern um die künstlerische Idee geht.

Abb. 234: Der letzte Schritt: Hervorhebung des Tuches, auf dem das Modell sitzt, mit weißer Kreide.

Abb. 235: Hier das Endergebnis. Eine ausgewogene, gut aufgebaute, farblich perfekt harmonisierte Zeichnung mit einer breiten Skala von Nuancen und Fleischfarben, obwohl der Künstler neben der Cremefarbe des Papiers beinahe ausschließlich Rötel sowie gelegentlich Grau, Dunkelsepia und etwas Weiß verwendete.

230

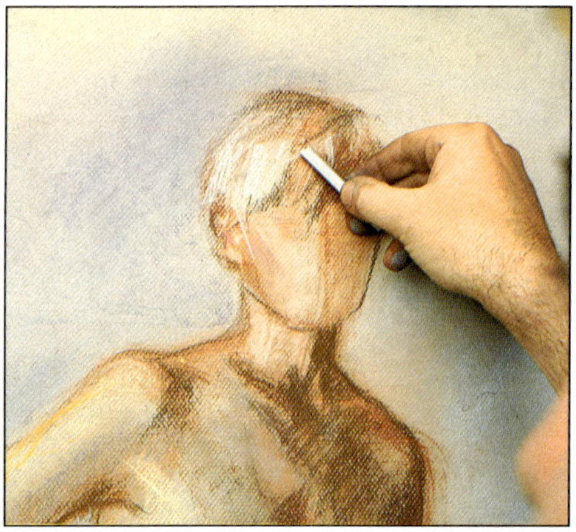

231

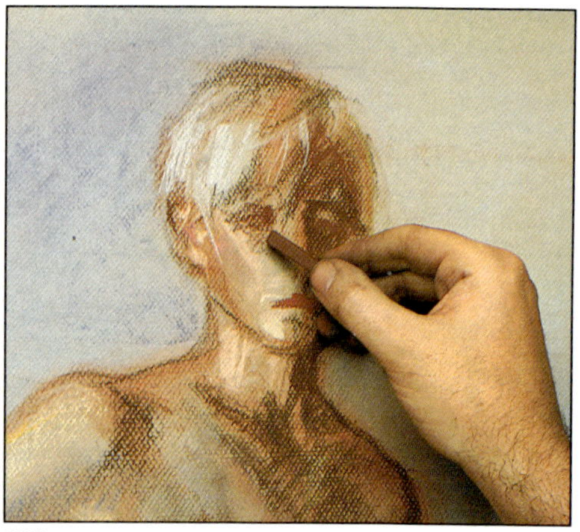

232

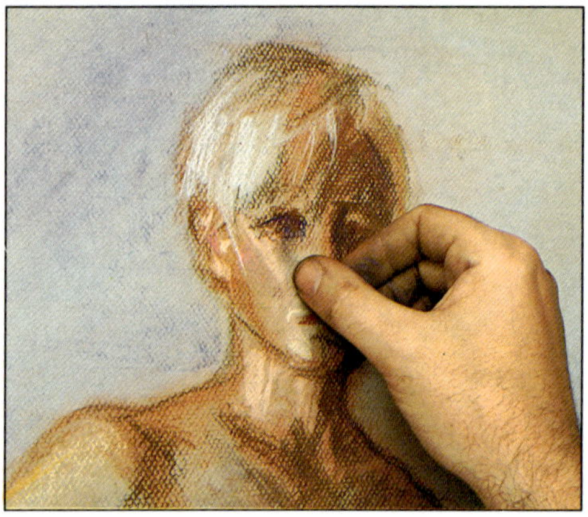

233

234

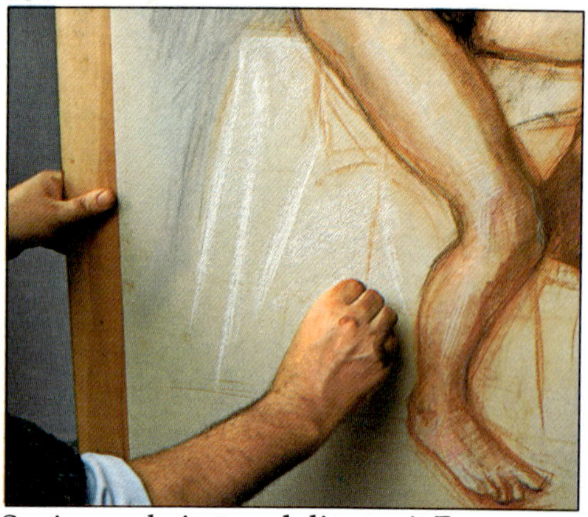

Endlich baut Ferrón den Kopf auf und zeichnet ihn. Zuvor färbt und verstärkt er mit Violettblau den Hintergrund links vom Kopf.

Eine Figurenzeichnung ist kein Porträt. Daher behandelt Ferrón den Kopf als Figurenstudie. Das heißt, er gibt die Form, das Volumen und die Farbe wieder, kümmert sich jedoch nicht ausdrücklich um die Ähnlichkeit und noch weniger um Kleinigkeiten wie die genaue Form der Augenbrauen, der Augen, der Nase und des Mundes. Er vermeidet eine zu starke Ausarbeitung, die nicht zur künstlerischen Sprache der übrigen Zeichnung passen würde.

Gesicht – und Körper – hat er trotz der verwendeten Farben zeichnerisch gelöst. Deshalb hat er vorwiegend mit Rötel und Sepia gearbeitet und diese mit Rosa verstärkt. Dies entspricht der Formel einer Zeichnung „à trois crayons" oder der dreifarbigen Zeichnung, was in diesem Fall dasselbe ist.

235

Ein Genie entsteht nicht zufällig

Ob Sie lernen, aus dem Gedächtnis oder nach der Natur zu zeichnen, liegt einzig und allein bei Ihnen. Alles hängt davon ab, ob Sie bereit sind, zahlreiche Stunden zu üben, bis Sie dieses Thema völlig beherrschen. Wie bei vielen anderen Dingen des Lebens spielt der Zufall hier keine Rolle. Die Chance, als Künstler geboren zu werden, von der so oft die Rede ist, ist nur dummes Geschwätz.

Ihre Chance, Ihre große Chance müssen Sie in dem suchen, was alle berühmten Männer und Frauen besaßen und besitzen: den Willen und die Ausdauer beim Studium und bei der Arbeit.

Zum Abschluß möchte ich Ihnen eine kleine Anekdote über diesen Arbeitswillen erzählen. In einem Park in New York unterhielten sich einmal zwei betagte Männer über den Einfluß des Glücks in ihrem Leben. Der erste erklärte, daß das Glück ihn nicht begünstigt habe, und der andere gestand, daß sein Unglück auf seine verlorene Jugend zurückzuführen sei. In diesem Augenblick näherte sich ihnen der Multimillionär Henry Ford. „Siehst du?" sagte einer der beiden Alten. „Das ist ein Mann, der Glück gehabt hat. Alles ist ihm vom ersten Tag an gelungen."

„Ja", antwortete der andere. „Alles ist ihm gelungen. Er hatte das große Glück zu wissen, wie man dreißig Jahre lang täglich sechzehn Stunden unablässig lernt und arbeitet."

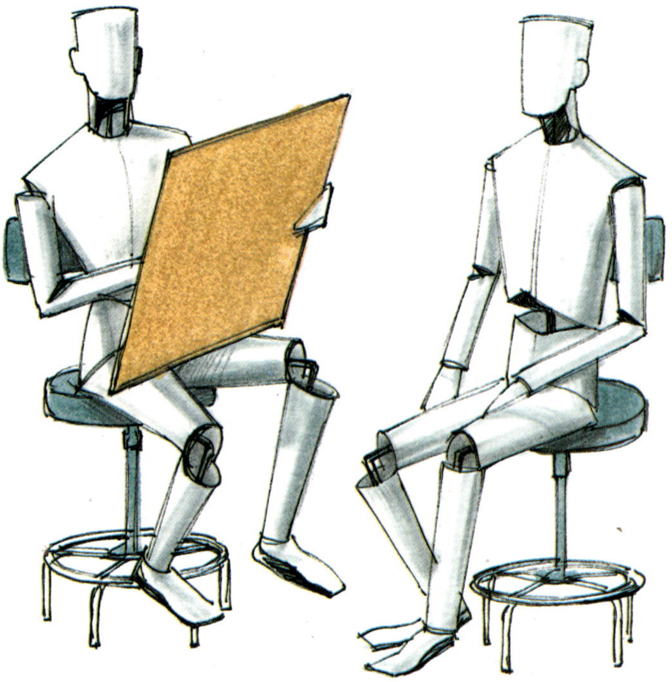